DR. MATTHIAS RIEDL

MEINE 80 BESTEN REZEPTE GEGEN BAUCHFETT

Was wir essen müssen, um gesundheitsschädliche Fettdepots abzubauen

DR. MATTHIAS RIEDL

MEINE 80 BESTEN REZEPTE GEGEN BAUCHFETT

Was wir essen müssen, um gesundheitsschädliche Fettdepots abzubauen

Mitarbeit am Text: Viola Lex
Food-Fotografie: Jan Wischnewski, Maria Grossmann und Monika Schuerle, Andrea Kramp und Bernd Gölling

INHALT

Die Symbole bei den Rezepten:

VEGETARISCH

VEGAN

GLUTENFREI

LAKTOSEFREI

Die Symbole bei den Tipps:

LIEBLINGSREZEPT VON DR. RIEDL

PLUSPUNKTE: DARUM ZÄHLT DAS REZEPT ZU DEN TOP 80 GEGEN BAUCHFETT

VORWORT

Ein flacher Bauch ist für viele Menschen das Sinnbild einer schlanken Figur. Auch ich als Ernährungsmediziner und Diabetologe strebe bei meiner Arbeit häufig das Ziel an, den Bauchumfang meiner Patientinnen und Patienten zu reduzieren. Doch mir geht es dabei nicht in erster Linien um Schönheitsideale – für mich steht die Gesundheit des Menschen stets im Vordergrund. Warum also dieses Buch, das sich ausgerechnet auf den Bauch fokussiert?

Zahlreiche Untersuchungen haben gezeigt, dass unsere Fettdepots im Bauchraum eine entscheidende Rolle dabei spielen, ob wir gesund sind und es bleiben. Ein paar Po-Polster sind weitaus weniger schädlich als die unliebsamen Bauchröllchen. Sogar für ansonsten schlanke Menschen kann es gefährlich werden, wenn sich Fett im Bauchraum rund um unsere inneren Organe ansiedelt. Bauchfett setzt Entzündungsstoffe frei, die schleichend Beschwerdebilder und Erkrankungen wie Bluthochdruck, Fettleber, Arteriosklerose, Krebs oder Diabetes Typ 2 fördern – mit all ihren gravierenden Folgen. Letzlich werden nahezu alle Zivilisationskrankheiten durch das Fett rund um unsere Eingeweide negativ beeinflusst.

Durch meine Arbeit am medicum Hamburg – meinem Fachzentrum für Ernährungsmedizin, Diabetologie und angrenzende Fachbereiche – sowie durch meine Fernsehauftritte als Ernährungs-Doc im NDR bin ich häufig mit Frauen und Männern in Kontakt, die sich eine schlankere Silhouette wünschen. Vielleicht haben auch Sie bereits einiges ausprobiert, um Ihr

Bauchfett loszuwerden? Ob Sit-ups für das Six-pack oder radikale Fastenkuren als Bauch-weg-Programm – leider ist nicht jeder vermeintlich »gute« Ratschlag ein zielführender Wegbereiter. Mehr dazu lesen Sie im Faktencheck ab S. 12. Die Wahrheit ist: Nur mit einer Kombination aus gesunder Ernährung und Bewegung machen Sie es dem Fett so unbequem, dass es seinen gemütlichen Platz in Ihrer Körpermitte aufgeben wird. Entscheidend ist dabei, dass unser Stoffwechsel mal durchschnaufen kann und Pausen einlegen darf. Das tut dem Insulinhaushalt und unserem Mikrobiom gut.

Das Buch, liebe Leserinnen und Leser, dürfen Sie gerne als Kampfansage an die Fettzellen in der Körpermitte verstehen. Auf den folgenden Seiten werde ich Ihnen meine 80 besten Rezepte gegen das sogenannte Viszeralfett verraten. Es sind Gerichte, die sich zur Reduktion von bauchbetontem Übergewicht als besonders effektiv erwiesen haben. Sie alle folgen dem Prinzip der artgerechten Ernährung und sind zusätzlich mit Antientzündungs-Zutaten gespickt, die den Stoffwechsel auf Trab bringen und den Fettabbau ankurbeln. Eiweiß, Fett und Kohlenhydrate kommen in der richtigen Menge und Qualität auf den Teller. Machen Sie dem zündelnden Bauchfett endgültig den Garaus!

Alles Gute wünscht Ihnen,

Ihr Dr. Matthias Riedl

THEORIE

Die Forschung hat das Fettgewebe im Bauchraum als dramatische Gesundheitsgefahr identifiziert. Aber keine Sorge: Mit gesunder Ernährung und Bewegung können Sie noch rechtzeitig gegensteuern. Ich erkläre Ihnen die wichtigsten Hintergründe und räume für Sie mit gängigen Mythen auf.

Risiko Bauchfett
SO GEFÄHRLICH IST ES

Wer kennt das nicht? Manche Menschen nehmen eher an der Hüfte zu (Birnentyp), andere am Bauch (Apfeltyp). Doch allein der genetischen Veranlagung für eine bestimmte Körperform darf man die Schuld für die Fettverteilung nicht in die Schuhe schieben. Zu wenig Bewegung, zu viel und dann auch noch das Falsche essen: Durch eine ungesunde Lebensweise beeinflussen wir selbst, wie viel Fett sich in unseren Bauchraum schleicht und sich dort nicht nur als angebliches »Wohlstandsbäuchlein« zeigt.

Das gefährliche Viszeralfett (viscera = lateinisch für Eingeweide) sammelt sich unter der Muskelschicht um die inneren Organe herum an und setzt still Entzündungsprozesse in Gang. Selbst Menschen, die normalgewichtig sind, aber sich ungesund ernähren, können davon betroffen sein. In der Medizin heißen sie TOFIs: »thin outside, fat inside« (»außen dünn, innen dick«). Für sie ist das Bauchfett oft eine noch größere Gefahr, weil es länger unbemerkt sein Unwesen treibt. Erst ab einer gewissen Menge werden Bauch und Taille sichtbar dicker. Reißt man das Ruder nicht rechtzeitig herum, können folgenschwere Zivilisationskrankheiten entstehen.

WAS PASSIERT BEI ZU VIEL BAUCHFETT?

Das besonders stoffwechselaktive Viszeralfett bringt das ausgeklügelte Hormonsystem der Fettzellen außer Takt: Bei einem Übermaß an Fettgewebe steigt die Produktion von hormonähnlichen Botenstoffen (Adipokinen wie Leptin oder Adiponektin), die den Energiestoffwechsel und die Insulinsensitivität beeinflussen. Es werden mehr entzündungsfördernde Botenstoffe produziert und das äußert sich meistens auch in einer Erhöhung des C-reaktiven Proteins (CRP) im Blut. Manchmal schießen diese Entzündungswerte so hoch wie bei einer Lungenentzündung. Außerdem schüttet der Körper vermehrt Leptin aus. Eigentlich ist dieses Hormon für unsere Sättigung verantwortlich, doch bei einem dauerhaften Zuviel wird das Gefühl »Ich bin satt.« schließlich gar nicht mehr wahrgenommen. Übergewichtige haben durch die Fehlsteuerung des Fettgewebes zudem einen niedrigen Adiponektin-Spiegel. Das vermindert die Wirkung von Insulin und die Bauchspeicheldrüse muss mehr davon ausschütten – die Folge: eine gestörte Blutzuckerregulation, noch mehr Fettgewebe wird gebildet.

Zusatzstoffe in Fertigfood können Entzündungen befeuern. Wer selbst kocht, entgeht der Bauchfettfalle.

Funktioniert die Feinabstimmung der Hormone nicht mehr, hat das drastische Folgen: Der Blutdruck steigt, die Gefäße nehmen Schaden und durch die gleichzeitig verfettende Leber steigt das Diabetesrisiko. Dadurch drohen nicht nur Diabetes Typ 2, Adipositas, Herz-Kreislauf-Erkrankungen, Krebs oder eine nicht alkoholische Fettleber (NAFL) – im schlimmsten Fall sogar Leberfibrose oder Leberkrebs.

WIE GROSS IST IHR BAUCHUMFANG?

In der Medizin wird meist der Body-Mass-Index (BMI) als Indikator für Übergewicht verwendet, er gibt aber keinen Aufschluss über die Verteilung von Körperfett. Dafür können vielmehr Waist-to-Height-Ratio (WHtR; Taille-Größe-Verhältnis) oder auch Waist-to-Hip-Ratio (WHR; Taille-Hüft-Verhältnis) hilfreich sein. Wenn Sie Ihren Bauchumfang zu Hause selbst ermitteln möchten, verwenden Sie am besten ein Maßband. Stellen Sie sich aufrecht hin, legen Sie das Maßband in der Mitte zwischen dem oberen Ende des Hüftknochens und der untersten Rippe an (etwa Bauchnabelhöhe). Atmen Sie ein, tief aus und lesen Sie das Ergebnis ab (Auswertung s. Tabelle). Führen Sie die Messung am besten morgens auf nüchternen Magen durch.

BAUCHUMFANG

Risiko	Frauen	Männer
normal	bis 80 cm	bis 94 cm
mittel	bis 88 cm	bis 102 cm
hoch	über 88 cm	über 102 cm

WEG MIT DEM SPECK – SO GEHT'S

Am medicum Hamburg haben wir tagtäglich mit Menschen zu tun, die bauchbetontes Übergewicht loswerden müssen. Als effektives Mittel hat sich die antientzündliche Ernährung erwiesen. Zudem sind Menge und Qualität von Kohlenhydraten, Eiweißen und Fetten entscheidend. Die Rezepte in diesem Buch sind danach konzipiert: Die Gerichte versorgen Sie mit viel Gemüse, hochwertigem Eiweiß, guten Fetten, Ballaststoffen und sekundären Pflanzenstoffen, die auch als Entzündungshemmer wirken. Beachten Sie für eine gesunde Bauch-weg-Ernährung außerdem Folgendes:

+ täglich 2–3 gesunde Hauptmahlzeiten essen und auf Zwischenmahlzeiten verzichten
+ Teller nach dem Tellerprinzip füllen: 50 Prozent Gemüse, 30 Prozent Eiweiß (Fleisch, Fisch, Eier, Milch, Milchprodukte und Hülsenfrüchte), hochwertige Öle und Fette, max. 20 Prozent Nudeln, Reis, Brot (alle in der Vollkornvariante), Kartoffeln
+ auf die Reihenfolge beim Essen achten: am besten mit dem Gemüse starten, dann Eiweiß- und Fettreiches essen, am Ende die Kohlenhydrate verzehren
+ pro Tag mind. 500 g Gemüse und max. 200 g Obst verzehren – letzteres am besten fruchtzuckeram
+ täglich 1–1,2 g Eiweiß pro kg Körpergewicht zu sich nehmen (bezogen auf Ihr Normalgewicht)
+ über den Tag verteilt ausreichend Wasser trinken: 30–40 ml pro kg Körpergewicht
+ schnell verwertbare Kohlenhydrate (z. B. in Weißbrot, Kuchen, Süßigkeiten, Fertiggerichten) meiden, dafür mehr langsam abbaubare Kohlenhydrate essen (z. B. in Gemüse, Hülsenfrüchten, Vollkornprodukten)
+ mind. 30 g Ballaststoffe täglich verzehren und öfter Prä- und Probiotika für die Darmflora auf den Speiseplan setzen (s. S. 14)

Der große Faktencheck
RUND UMS BAUCHFETT

Wer sein inneres Bauchfett reduzieren möchte, sieht sich vielen Mythen ausgesetzt. Doch welche Bauchweg-Strategie hilft nun wirklich? Hier ein Guide durch den Dschungel der häufigsten Ernährungsirrtümer:

BIERBAUCH DURCH BIER?

Der dicke Bauch entsteht zwar nicht allein durch den Konsum von Gerstensaft, sondern allgemein durch eine ungesunde Ernährung, aber er stellt definitiv ein Alarmsignal für eine innere Verfettung dar. Wird die Leber dauerhaft durch Alkohol »gestresst«, vernachlässigt sie Aufgaben wie etwa den Abbau von Fetten. Es gilt daher: Besser auf Alkohol verzichten und stattdessen viel Wasser trinken, das liebt die Leber. Denn alkoholische Getränke verlangen einem unserer wichtigsten Stoffwechselorgane einiges ab: Alkohol ist für die Leber ein echter Giftstoff, durch dessen Abbau sie überbeschäftigt und damit auch geschädigt wird.

IST WENIGER MEHR?

Fangen Sie bloß nicht an, Kalorien zu zählen! Dabei laufen Sie nur Gefahr, dass Sie auch gute, aber kalorienintensivere Zutaten wie Olivenöl oder Nüsse weglassen. Denn beide Lebensmittel sind eigentlich ideale Partner beim Kampf gegen das Bauchfett. Essen Sie stattdessen weniger vom Ungesunden: Verzichten sollten Sie auf leere Kohlenhydrate (z. B. Weißmehlprodukte, Fast Food), Zucker (z. B. Süßigkeiten, Softeis, Softdrinks, Cornflakes, Fertigprodukte) und schlechte Fette (z. B. Wurst, Chips, Croissants).

MACHT STRESS DICK?

Bei Stress schüttet der Körper Cortisol aus – das Hormon bremst das Insulin, steigert aber den Blutzucker und auch die Lust auf Süßes und Hochkalorisches. Geben Sie dem Verlangen jetzt nach und futtern Schokolade oder Chips, sinkt das Stresslevel nur kurzfristig. Raffinierter Zucker und Transfette sind nämlich ebenfalls Stressauslöser, die zu erhöhten Cortisolspiegeln führen. Ihr Körper befindet sich also dauerhaft in einem Stresszustand. Zudem verändert dieses Fast Food Ihr Gehirn so, dass es mehr davon will. Den Teufelskreis können Sie durchbrechen, wenn Sie Stressreaktionen adäquat und nicht mit Comfort Food begegnen. Probieren Sie es mit Meditation, Yoga oder Achtsamkeitsbasierter Stressreduktion (MBSR).

VOR DEM FERNSEHER ESSEN – VERBOTEN?

Mehr Achtsamkeit ist fürs Abnehmen essenziell. Dazu gehört auch das achtsame Essen. Konzentrieren Sie sich auf Gerüche, Geschmack und Konsistenzen. Genießen Sie Ihre Mahlzeiten Bissen für Bissen und ohne Ablenkungen – man sollte am besten jeden Bissen mind. 20-mal kauen. Wer vor dem Fernseher isst, verpasst den Zeitpunkt, an dem das Sättigungsgefühl einsetzt, und nimmt mehr Nahrung auf als nötig.

BLÄHBAUCH DURCH BALLASTSTOFFE?

Vollkorngetreide, Hülsenfrüchte und Gemüse enthalten wertvolle Ballaststoffe. Sie regen die Verdauung an und sorgen für ein gesundes Mikrobiom. Mindestens 30 g Ballaststoffe sollten Sie täglich zu sich nehmen. Wenn Sie bisher ballaststoffarm gegessen haben, können anfangs Beschwerden wie Blähungen auftreten. Daher die Zufuhr schrittweise erhöhen.

FLACHER BAUCH DANK FASTEN?

Wer bei einer Crashdiät tagelang nichts isst, bemerkt vielleicht eine Veränderung am Bauch. Dauerhaft schlank wird man so aber nicht! Sobald das Hungern vorbei ist und der Magen wieder mit Falschem gefüllt wird, ist der Bauch zurück. Essen Sie sich stattdessen

2- bis 3-mal am Tag mit dem Richtigen satt und halten Sie dazwischen Esspausen von 4–5 Stunden ein. Wenn Sie über Nacht eine Esspause von 16 Stunden schaffen, unterstützen Sie mit diesem sogenannten Intervallfasten zusätzlich effektiv den Fettabbau.

SIND KOHLENHYDRATE SCHLECHT?

Low-Carb-Diäten galten als Garant für den Gewichtsverlust. Kohlenhydrate sollten aber nicht per se verteufelt werden, denn der Körper benötigt sie durchaus. Nur die schlechten Carbs gehören vom Speiseplan gestrichen – also schnell verwertbare Kohlenhydrate, die vor allem in Zucker und Weißmehlprodukten stecken. Sie enthalten kaum Nährstoffe und liefern dem Körper nur leere Dickmacher-Kalorien. Langsam verdauliche Kohlenhydrate aus Vollkornprodukten, Gemüse oder Hülsenfrüchten machen hingegen sogar schlank. Sie halten den Blutzuckerspiegel stabil, sättigen dank der enthaltenen Ballaststoffe lange und gut – und beugen so Heißhungerattacken vor.

INSULINRESISTENZ RÜCKGÄNGIG MACHEN?

Bauchfett vermindert die Insulinwirkung. Das Viszeralfett setzt Botenstoffe frei, die eine sogenannte Insulinresistenz fördern. Hierbei reagieren die Körperzellen nicht mehr ausreichend auf das Hormon. Als Folge nehmen die Zellen kaum oder gar keinen Zucker aus dem Blut auf und der Blutzuckerspiegel bleibt erhöht. Ein Teufelskreis, denn die Bauchspeicheldrüse schüttet nun noch mehr Insulin aus. Um die Zellen wieder empfänglich für Insulin zu machen, ist eine Ernährungsumstellung unausweichlich. Gerade der hohe Verzehr von raffinierten Kohlenhydraten gilt als Risikofaktor und sollte daher vermieden werden.

Riskantes Bauchfett ist ein ernst zunehmendes Alarmsignal. Auf S. 11 finden Sie die Grenzwerte für Ihren individuellen Taillenumfang!

MACHT FETT WIRKLICH »FETT«?

Nur das falsche Fett ist ungesund und sorgt für Übergewicht. Fette aus Nüssen oder Avocados sind ein wichtiger Bestandteil der gesunden Ernährung, unterstützen sogar beim Abnehmen und beugen Erkrankungen vor. Verwenden Sie am besten bei jeder Mahlzeit kalt gepresste Pflanzenöle wie Oliven- oder Leinöl und raffiniertes Rapsöl zum Braten, toppen Sie Ihr Essen regelmäßig mit Nüssen und Samen.

IST OBST SCHÄDLICH?

Verzehren Sie höchstens 200 g Obst täglich, damit Sie nicht zu viel Fruchtzucker konsumieren. Zu viel davon baut der Körper nämlich direkt in Fettzellen um. Setzen Sie auf zuckerarme Sorten wie Beeren oder säuerliche Äpfel, diese liefern Ihrem Körper antientzündliche Stoffe. Sehr süße Obstsorten wie Bananen und Trauben am besten nur in Maßen essen. Worauf Sie konsequent verzichten sollten, ist künstlicher Fruchtzucker (Fruktose), der in industriell verarbeiteten Produkten, Fertigprodukten und Softdrinks steckt.

GIBT ES SUPERFOODS?

Ja, denn die sekundären Pflanzenstoffe im Gemüse gehen mit zahlreichen positiven Gesundheitseffekten einher. Daher gehören mindestens 500 g täglich und am besten 25 verschiedene Pflanzenarten pro Woche auf den Teller. Teure Exoten müssen es nicht sein – vor allem grüne Gemüse wie Spinat, Brokkoli oder Fenchel sind echte Fatburner. Bitterstoffe (z. B. in Rucola, Artischocken, Chicorée, Kaffee) sind gut für die Leber. Anti-Bauchfett-Superstars sind außerdem Eier, Haferflocken, Linsen, Pilze, Ingwer, Chili, Zitrone und Apfelessig. Apropos: Eine aktuelle Studie deutet darauf hin, dass Apfelessig-Konsum den Fettstoffwechsel positiv beeinflusst und der Entstehung von Diabetes Typ 2 entgegenwirkt. Am besten 20 Minuten vor dem Essen ein Glas Wasser mit 1 EL Apfelessig trinken.

DARMFLORA – MEHR ALS EIN HYPE?

Das Mikrobiom in unserem Darm sorgt für Furore in der breiten Öffentlichkeit. Dahinter stecken tatsächlich bahnbrechende wissenschaftliche Erkenntnisse: Neueste Studien ergaben, dass die Darmflora eine bisher ungeahnt zentrale Bedeutung für Gesundheit und Krankheit hat. Millionen von guten Bakterien bilden das Zentrum unseres Immunsystems, haben Einfluss auf unsere Stimmung, das Verhalten, unsere Stressreaktion und das Gewicht. Letzteres wurde durch eine Studie bewiesen, bei der eine Nahrungsergänzung mit einem probiotischen Milchsäurebakterium übergewichtigen Frauen beim Gewichtsverlust half. Verzehren Sie möglichst oft Probiotika (z. B. in Joghurt, Buttermilch, Kefir), Präbiotika (z. B. in Chicorée, Radicchio, Spargel) für die Mikrobiota Ihres Darms und Ballaststoffe (z. B. aus Hülsenfrüchten, Vollkorngetreide), um für eine ausgewogene Zusammensetzung der Mikroorganismen im Darm zu sorgen.

ABNEHMEN MIT SIT-UPS?

Um Fett loszuwerden, müssen Sie Fett verbrennen – am besten mit einer Kombi aus Ausdauer- und Krafttraining und mehr Bewegung im Alltag. Durch eine bestimmte Übung nur gezielt an einer einzigen Körperstelle abzunehmen, gelingt in der Regel nicht. Nützlich sind Sit-ups trotzdem: Starke Bauchmuskeln stabilisieren den Körper, beugen Rückenschmerzen und einer Erschlaffung der Bauchwand im Alter vor. Und natürlich hat Bauchmuskeltraining auch einen straffenden Effekt für die Körpermitte!

EIWEISS FÜR DIE MUSKELN?

Als Baustein der Muskulatur sind Proteine unabdingbar. Aber der Körper braucht Eiweiß nicht nur für starke »Muckis«, der Nährstoff ist auch ein Satt- und Schlankmacher. Passen Sie die Zufuhr an Ihren persönlichen Bedarf an, damit es weder zu Unter- noch zu Überversorgung kommt (s. S. 11). Ein stark erhöhter Eiweißkonsum – etwa durch Proteinshakes – ist auch für sportliche Menschen nicht erforderlich. Solche Drinks enthalten oft jede Menge Zusatzstoffe, die dem Körper schaden können. Decken Sie Ihren Proteinbedarf möglichst zur Hälfte mit pflanzlichen Quellen aus Hülsenfrüchten, (Pseudo-)Getreide oder Tofu.

SCHLANK DURCHS SCHLAFEN?

Zwischen Schlafproblemen und Viszeralfett besteht tatsächlich ein Zusammenhang. Mangelt es an Schlafdauer und -qualität, steigt der Spiegel des Hungerhormons Ghrelin – und das macht Appetit. Das Schlafbedürfnis ist individuell verschieden, als empfehlenswert gelten 7–8 Stunden. Wichtig ist, dass die nächtlichen Aufwachphasen nur kurz sind und Sie sich morgens erholt fühlen. Ist dies dauerhaft nicht der Fall, könnten Sie an starkem Schnarchen (ggf. mit Atemaussetzern) leiden und sollten sich auf das obstruktive Schlafapnoesyndrom (OSAS) untersuchen lassen. Andernfalls steigert dies Ihr Gewicht weiter.

- Fettdepots im Bauchraum waren für unsere Vorfahren überlebenswichtig.
- Heutzutage birgt das Bauchfett vor allem gesundheitliche Gefahren.
- Gegensteuern lässt sich mit einer Ernährung, die dem Stoffwechsel regelmäßig Pausen verschafft.
- Auf dem Teller sollten vor allem Pflanzeneiweiß und Vollkorn landen.

REZEPTE

Der einzige Weg, nachhaltig schlank zu bleiben, führt über eine dauerhaft gesunde Ernährung. Wenn Sie Ihren Körper mit den richtigen Nährstoffen versorgen, wird er Ihnen mit Vitalität und Wohlbefinden danken. Vegane Buddha Bowl, Lachs mit Süßkartoffel und Chimichurri und Sommerrollen mit Erdnussdip sorgen garantiert für ein gutes Bauchgefühl!

FRÜHSTÜCK

LOW-CARB-BIRCHERMÜSLI

FÜR 2 PERSONEN | 12 MIN. ZUBEREITUNG
PRO PORTION: CA. 460 KCAL | 13 G EW | 32 G F | 28 G KH

20 g Haselnusskerne
20 g Walnusskerne
20 g Mandeln
1 getr. Soft-Aprikose
½ Bio-Zitrone
100 g säuerlicher Apfel (z. B. Boskop, Cox Orange, Elstar)
80 g Birne
300 g stichfester Naturjoghurt (1,5 % Fett)
10 g Haferkleie
20 g zarte Haferflocken
1 EL kalt gepresstes Leinöl

1 Die Hasel-, Walnüsse und Mandeln grob hacken und in einer kleinen beschichteten Pfanne ohne Fett hell rösten. Herausnehmen und abkühlen lassen.

2 Die Aprikose in kleine Würfel schneiden. Die Zitrone heiß waschen und abtrocknen, ca. 1 TL Schale fein abreiben, dann die Zitronenhälfte auspressen. Apfel und Birne waschen, vierteln und entkernen. Die Viertel auf der Gemüsereibe grob raspeln und sofort mit dem Zitronensaft beträufeln, damit sie sich nicht bräunlich verfärben.

3 Den Joghurt in eine Schüssel geben und mit Nüssen, Obst, Zitronenschale, Haferkleie, Haferflocken und Leinöl gut verrühren. Zum Servieren auf Schalen verteilen. Das Müsli am besten schon am Vorabend vorbereiten und über Nacht in den Kühlschrank stellen.

Mit diesem Müsli starten Sie garantiert gesund in den Tag! Low Carb bedeutet nicht mehr als »wenig Kohlenhydrate«. Ernährungsfachleute definieren als »Low Carb« Gerichte, bei denen maximal 30 Prozent der Kalorien aus Kohlenhydraten stammen. Gerade beim Frühstück ist das wichtig, denn sie lassen den Blutzucker nur langsam ansteigen. Zusätzlich bremst auch das Eiweiß in Joghurt und Nüssen den Blutzuckeranstieg. Der Benefit: Wenn der Blutzucker nicht stark ins Schwanken gerät, bleibt der Insulinspiegel stabiler. Die Folge: Das Abnehmen fällt leichter, vor allem an Taille und Bauch! Allerdings kommt es nicht immer nur darauf an, dass Kohlenhydrate gespart werden – schnell verdauliche Kohlenhydrate sollten auch idealerweise gegen komplexe aus Gemüse, Nüssen und Co. getauscht werden. Diese helfen nachweislich gegen Bauchfett.

KNUSPERFLOCKEN AUF KÄSECREME

FÜR 2 PERSONEN | 10 MIN. ZUBEREITUNG
PRO PORTION: CA. 420 KCAL | 34 G EW | 12 G F | 40 G KH

5 EL kernige Haferflocken
2 EL Mandelstifte
200 g körniger Frischkäse (Hüttenkäse)
200 g Skyr (isländ. Milchprodukt; s. Tipp)
2 TL kalt gepresstes Leinöl
1 säuerlicher Apfel
1 TL Zimtpulver (nach Belieben)

1 Haferflocken und Mandelstifte in einer kleinen beschichteten Pfanne ohne Fett hell rösten, dabei ab und zu umrühren. Herausnehmen und abkühlen lassen. Hüttenkäse, Skyr und Leinöl in einer Schüssel gut verrühren und die Käsecreme auf Schalen verteilen.

2 Den Apfel waschen, vierteln und das Kerngehäuse entfernen. Die Viertel in dünne Stifte schneiden und mit dem gerösteten Flocken-Mandel-Mix über der Hüttenkäsecreme verteilen. Nach Belieben mit Zimt bestreuen und sofort servieren.

Skyr zeichnet sich durch einen geringen Fettgehalt und einen hohen Proteinanteil aus. Stattdessen können Sie auch einfach jeweils 100 g stichfesten Naturjoghurt und Speisequark mischen. Wer die Käsecreme besonders cremig wünscht, kann noch 1 TL hochwertiges Pflanzenöl unterrühren – das sorgt im Vergleich zu fettreichem Joghurt oder Quark für ein gesünderes Fettsäuremuster.

Daneben sind Haferflocken in jeder Form empfehlenswert. Denn sie enthalten Beta-Glucan, einen Ballaststoff, der den Blutzucker niedrig und die Körperzellen insulinsensibel hält. Das beeinflusst auch unseren Fettstoffwechsel positiv und bremst das Wachstum von Bauchfett.

OVERNIGHT OATS MIT CHIA UND APFEL

FÜR 2 PERSONEN | 10 MIN. ZUBEREITUNG |
12 STD. ZIEHEN (ÜBER NACHT)
PRO PORTION: CA. 390 KCAL | 24 G EW | 13 G F | 40 G KH

2 säuerliche Äpfel
(z. B. Elstar)
60 g kernige Haferflocken
20 g Chia-Samen
250 g Quark (20 % Fett)
100 ml Milch (1,5 % Fett)
100 ml naturtrüber Apfelsaft
1 TL Zimtpulver

1 Am Vorabend die Äpfel waschen, vierteln und entkernen. Die Apfelviertel in kleine Stücke schneiden und mit Haferflocken, Chia-Samen, Quark, Milch, Apfelsaft und Zimt mischen.

2 Das Müsli in zwei Schraubgläser füllen und abgedeckt im Kühlschrank ca. 12 Std., am besten über Nacht, durchziehen lassen. Am nächsten Morgen die Oats zum Frühstück nochmals kurz umrühren.

+ ***Die Overnight Oats enthalten die ideale Mischung aus Eiweiß, komplexen Kohlenhydraten und verschiedenen Ballaststoffen gegen Bauchfett. Die exotischen Chia-Samen stammen von der mexikanischen Salbeipflanze, unterstützen unsere Verdauung, machen satt und stärken das Herz-Kreislauf-System. Sie enthalten reichlich Eiweiß und Ballaststoffe und liefern wertvolle Vitamine und Mineralstoffe.***

HIRSE-GEWÜRZ-PORRIDGE »1001 NACHT«

FÜR 2 PERSONEN | 20 MIN. ZUBEREITUNG
PRO PORTION: CA. 385 KCAL | 10 G EW | 14 G F | 55 G KH

- 2 EL Pistazienkerne
- 1 säuerlicher Apfel
- 80 g Hirse
- 2 Datteln (entsteint)
- Salz
- 200 ml ungesüßter Mandeldrink
- 1 TL Zimtpulver
- ½ TL gemahlener Kardamom
- 100 g Granatapfelkerne (von ca. ½ Granatapfel)
- 2 EL Tahin (Sesampaste)

1 Die Pistazien in einer kleinen beschichteten Pfanne ohne Fett hell rösten. Herausnehmen und abkühlen lassen. Den Apfel waschen, vierteln, entkernen und klein würfeln. Die Hirse in einem Sieb abbrausen und abtropfen lassen. Die Datteln klein schneiden und mit Apfel, Hirse, 200 ml Wasser und 1 Prise Salz in einem Topf erst einmal aufkochen, dann alles bei mittlerer Hitze ca. 5 Min. quellen lassen.

2 Anschließend Mandeldrink, Zimt und Kardamom zur Hirse geben und alles noch ca. 7 Min. köcheln lassen, dabei ab und zu umrühren. Falls der Brei zu fest ist, noch 1 Schuss Wasser oder Mandeldrink hinzufügen. Zum Servieren den Porridge auf Schalen verteilen und mit Granatapfelkernen, Tahin und gerösteten Pistazienkernen garnieren.

+ ***Gute Nachricht für Betroffene von Bauchfett, denn Studien haben gezeigt: Wie bei anderen Nüssen wie Mandeln oder Walnüssen auch lässt sich der Taillenumfang reduzieren, wenn man regelmäßig Pistazien isst.***

EIWEISSBROT MIT DINKEL UND SOJA

FÜR 1 KASTENFORM (24 CM LÄNGE; 18 SCHEIBEN) | 1 STD. ZUBEREITUNG | 45 MIN. GEHEN | 45 MIN. BACKEN
PRO SCHEIBE: CA. 160 KCAL | 9 G EW | 9 G F | 10 G KH

20 g frische Hefe (½ Würfel)
250 g Vollkorn-Dinkelmehl
150 g vollfettes Sojamehl
100 g gemahlene Mandeln
100 g Kürbiskerne
50 g geschälte Hanfsamen
1 TL Salz

1 Die Kastenform mit Backpapier auslegen. Die Hefe in einer Rührschüssel in 300 ml lauwarmes Wasser bröckeln und so lange damit verrühren, bis sie sich vollständig aufgelöst hat.

2 Die restlichen Zutaten – bis auf ca. 2 EL Kürbiskerne – dazugeben und alles mit den Knethaken des Handrührgeräts zu einem glatten Teig verrühren. Den Teig nochmals kurz mit den Händen kneten und in die Form setzen. Die übrigen Kürbiskerne gleichmäßig auf das Brot streuen und leicht andrücken.

3 Das Brot mit einem sauberen Geschirrtuch abgedeckt an einem warmen Ort ca. 45 Min. gehen lassen. Währenddessen den Backofen rechtzeitig auf 200° vorheizen.

4 Das Brot im Ofen (Mitte) ca. 45 Min. backen. Herausnehmen und auf einem Kuchengitter vollständig abkühlen lassen. Das Brot zum Servieren in Scheiben schneiden. Es hält sich 5–6 Tage.

+ ***Das vegane Brot punktet mit einem optimierten, sättigenden Eiweißverhältnis sowie mit einer ordentlichen Portion Ballaststoffe. Es liefert also weniger Kohlenhydrate – ideal, um die Gewichtsabnahme anzukurbeln. Sojamehl dient hier als pflanzliche Eiweißquelle und ersetzt die in Eiweißbroten häufig verwendeten Zutaten Quark und Eier. Es enthält wie Eier auch Lecithin, das für eine gute Bindung des Teiges sorgt. Aufgepasst: Das vollfette Sojamehl ist nicht zu verwechseln mit Sojaproteinmehl, das aus entölten Sojabohnen gewonnen wird. Wer will, kann das Brot noch mit Brotgewürz aromatisieren.***

SCHNELLE DINKEL-QUARK-BRÖTCHEN

FÜR 6 STÜCK | 15 MIN. ZUBEREITUNG | 15 MIN. BACKEN
PRO STÜCK: CA. 235 KCAL | 14 G EW | 5 G F | 30 G KH

250 g Vollkorn-Dinkelmehl
1 Pck. Weinsteinbackpulver
250 g Magerquark
2 EL Leinsamen
Salz
1 EL Rapsöl
je 3 TL heller Sesam und Mohnsamen zum Bestreuen (nach Belieben)

1 Den Backofen auf 200° vorheizen. Ein Backblech mit Backpapier auslegen.

2 Dinkelmehl und Backpulver in eine Rührschüssel geben und mischen. Dann Quark, Leinsamen, 2–4 Prisen Salz und das Öl hinzufügen und alles mit den Knethaken des Handrührgeräts zu einem glatten Teig verkneten. Falls der Teig zu trocken ist, noch etwas Mineralwasser (mit Kohlensäure) dazugeben und unterkneten.

3 Aus dem Teig mit angefeuchteten Händen 6 Kugeln formen und nebeneinander auf das Backblech setzen. Die Teigkugeln oben mit einem Messer kreuzweise einschneiden und im Ofen (Mitte) ca. 15 Min. backen. Die Brötchen aus dem Ofen nehmen und vor dem Servieren etwas abkühlen lassen. Wer will, kann die Brötchen vor dem Backen nach Belieben noch mit den Samen bestreuen.

***+** Mit diesen Brötchen haben Sie im Handumdrehen ein gesundes Vollkornprodukt auf dem Teller, das reichlich komplexe Kohlenhydrate und Ballaststoffe zur Abwehr von Bauchfett liefert. Der Quark im Teig bewirkt, dass die Brötchen saftig bleiben. Zudem sorgt er für eine gute Bindung und einen hohen Eiweißanteil im Gebäck. Weinsteinbackpulver ist eine natürliche Alternative zu herkömmlichem Backpulver. Der Unterschied besteht im Säuerungsmittel: Im Gegensatz zu üblichem Backpulver ist Weinsteinbackpulver frei von Phosphat, stattdessen ist natürliche Weinsteinsäure enthalten. Das künstliche Phosphat lässt unsere Adern schneller altern und schadet den Nieren.*

FETA-MINZ-QUARK MIT WALNÜSSEN

FÜR 2 PERSONEN | 10 MIN. ZUBEREITUNG
PRO PORTION: CA. 330 KCAL | 24 G EW | 22 G F | 8 G KH

100 g Schafskäse (z. B. Feta)
1 Handvoll Minzblätter
20 g Walnusskerne
200 g Magerquark
50 g Joghurt (3,5 % Fett)
1 TL Olivenöl
1 EL Zitronensaft
1 TL abgeriebene Bio-Zitronenschale
Salz, Pfeffer

1 Den Feta mit den Händen in grobe Stücke in eine Schüssel bröseln. Die Minzblätter waschen, trocken tupfen und fein hacken. Die Walnusskerne grob hacken.

2 Quark, Joghurt, Öl und Minze zum Feta geben und alles gut mischen. Anschließend den Mix mit Zitronensaft und -schale, Salz und Pfeffer abschmecken und mit den gehackten Walnüssen garnieren.

3 Der Feta-Minz-Quark schmeckt als Brot- oder Brötchenaufstrich genauso wie als Dip zu Grillgemüse, Geflügelfleisch oder Rohkost-Sticks.

+ ***Walnüsse punkten von Natur aus mit einer Nährstoffzusammensetzung, die sich günstig auf unser Herz-Kreislauf-System auswirkt und auch gegen Bauchfett hilft. Bluthochdruck steht oft in Zusammenhang mit erhöhtem Bauchfett. Walnüsse liefern Ballaststoffe, Pflanzeneiweiß und gute Öle wie Omega-3-Fettsäuren und sollten am besten regelmäßig zum Einsatz kommen.***

PIKANTER TOMATENAUFSTRICH

FÜR 2 PERSONEN | 15 MIN. ZUBEREITUNG | 1 STD. KÜHLEN
PRO PORTION: CA. 95 KCAL | 1 G EW | 9 G F | 3 G KH

1 Die Möhre schälen und auf der Gemüsereibe fein raspeln. Die Frühlingszwiebeln putzen, waschen und in dünne Ringe schneiden.

2 Die Möhrenraspel und Frühlingszwiebelringe mit dem Tomatenmark und der weichen Butter in einer Schüssel gründlich verrühren. Die Masse mit Chilipulver, Thymian, 1 Prise Zucker und etwas Salz würzen. Den Tomatenaufstrich im Kühlschrank ca. 1 Std. durchziehen lassen. Anschließend servieren, er passt gut zum Eiweißbrot von S. 26.

1 kleine Möhre
2 Frühlingszwiebeln
50 g Tomatenmark
20 g weiche Butter
½ TL Chilipulver
1 TL getr. Thymian
Zucker
Salz

+ ***Der Aufstrich bietet eine gesunde Alternative zu Streichwurst und Co. Wer will, streut noch ein paar gehackte Cashewkerne oder Pistazien über den Aufstrich. Beide Nusssorten liefern zusätzlich wertvolle Fettsäuren und pflanzliches Eiweiß. Und das ist gewollt, denn Nussesser haben nachweislich eine schlankere Taille.***

LACHS-ZITRONEN-AUFSTRICH

FÜR 2 PERSONEN | 5 MIN. ZUBEREITUNG | 10 MIN. ZIEHEN
PRO PORTION: CA. 100 KCAL | 10 G EW | 6 G F | 2 G KH

3 Scheiben geräucherter Lachs (ca. 50 g)
1 Frühlingszwiebel
2 EL körniger Frischkäse (Hüttenkäse)
1 TL Meerrettich (aus dem Glas)
1 TL gehackter Dill
2 TL Zitronensaft
Salz, Pfeffer

1 Den Lachs in kleine Würfel schneiden. Die Frühlingszwiebel putzen, waschen und in dünne Ringe schneiden. Lachs und Frühlingszwiebel in eine kleine Schüssel geben und mit dem körnigen Frischkäse, Meerrettich und Dill verrühren. Zuletzt den Zitronensaft untermischen.

2 Den Lachs-Zitronen-Aufstrich mit Salz und Pfeffer würzen und vor dem Servieren noch ca. 10 Min. ziehen lassen. Dann am besten mit Vollkornbrot oder -baguette sofort verzehren.

+ *Auch wenn er Fett enthält, ist der Aufstrich trotzdem ein echter Schlankmacher. Denn es kommt immer auf die Qualität der Fette an. Lachs und fette Meeresfische wie Hering oder Makrele sind eine gute Quelle für die essenziellen Omega-3-Fettsäuren, die der Körper nicht selbst herstellen kann. Sie schützen vor Herz-Kreislauf-Erkrankungen und wirken gegen Entzündungen, die bei zu viel Bauchfett vermehrt auftreten.*

HÜTTENKÄSE-AVOCADO-DIP MIT THUNFISCH

FÜR 2 PERSONEN | 15 MIN. ZUBEREITUNG
PRO PORTION: CA. 465 KCAL | 37 G EW | 32 G F | 3 G KH

1 Dose Thunfisch (ca. 180 g; im eigenen Saft; auf nachhaltigen Fischfang achten)
200 g körniger Frischkäse (Hüttenkäse)
2 EL Olivenöl
1 TL Aceto balsamico bianco
4 Kirschtomaten
1 reife Avocado
1 EL gehacktes Basilikum
Salz, Pfeffer
Chilipulver

1 Den Thunfisch abtropfen lassen und in einer Schüssel mit einer Gabel zerpflücken. Hüttenkäse, Öl und Essig dazugeben und untermischen.

2 Die Tomaten waschen und in kleine Würfel schneiden. Die Avocado halbieren und den Kern entfernen. Das Fruchtfleisch aus den Schalen lösen, würfeln und unter den Thunfisch-Mix rühren.

3 Zuletzt das Basilikum unter den Dip ziehen und alles mit Salz, Pfeffer und Chili abschmecken. Den Dip mit den Tomatenwürfeln garniert servieren. Er hält sich gut verschlossen im Kühlschrank maximal 2 Tage. Dazu passen pro Person noch 2 Scheiben Vollkornknäckebrot (Achtung, enthält Gluten!) oder Reiswaffeln. Achten Sie bei Thunfisch auf nachhaltigen Fischfang, zu erkennen am MSC-Siegel.

+ *Keine Bange vor Milchprodukten! Studien konnten zeigen, dass sie nicht verantwortlich sind für Gewichtssteigerungen. Bei Hüttenkäse können Sie zugreifen, er ist das Milchprodukt mit einem der höchsten Eiweißgehalte (ca. 13 g/100 g). Nur Harzer Käse hat mehr, Magerquark ungefähr genauso viel. Zudem lässt sich Hüttenkäse sehr gut variieren – einfach klein geschnittenes Gemüse, Kräuter und Gewürze untermischen. So kommt ein Aufstrich auf das Brot, der satt macht und lecker schmeckt. Das Plus: Thunfisch liefert ebenfalls Eiweiß und gesunde Fette, dazu wertvolles Zink, das eine wichtige Rolle für das Immunsystem und den Stoffwechsel spielt.*

VOLLKORNBROT MIT AVOCADO UND KRABBEN

FÜR 2 PERSONEN | 15 MIN. ZUBEREITUNG | 10 MIN. KÜHLEN
PRO PORTION: CA. 470 KCAL | 11 G EW | 34 G F | 27 G KH

1 Bio-Limette
1 reife Avocado (ca. 180 g)
20 g weiche Butter
150 g Kirschtomaten
1 kleine Knoblauchzehe
1 EL Kapern
1 Handvoll Petersilienblätter
40 g gegarte Krabben (gepult)
1 TL Olivenöl
½ TL getr. Estragon
1 Msp. gemahlener Kreuzkümmel
1 Msp. geräuchertes Paprikapulver
1 Msp. Chilipulver
Salz, Pfeffer
2 Scheiben Vollkornbrot oder -toast (à ca. 50 g)

1 Die Limette heiß waschen, abtrocknen und 1 TL Schale fein abreiben. Die Limette halbieren und auspressen. Die Avocado halbieren, den Kern entfernen und das Fruchtfleisch aus den Schalen lösen. In einen Messbecher geben und sofort mit 1 EL Limettensaft beträufeln, damit es sich nicht bräunlich verfärbt. Limettenschale und Butter dazugeben und alles mit dem Pürierstab glatt rühren. Die Avocadobutter im Kühlschrank in ca. 10 Min. fest werden lassen.

2 Inzwischen die Tomaten waschen und in kleine Würfel schneiden. Den Knoblauch schälen und fein würfeln. Die Kapern grob hacken. Die Petersilie waschen, trocken tupfen und grob hacken. Die Krabben in einem Sieb abbrausen und gut abtropfen lassen. Tomaten, Knoblauch, Kapern, Krabben, Öl und 1 EL Limettensaft in eine Schüssel geben, gut mischen und mit Estragon, Gewürzen und Petersilie verfeinern.

3 Die Brot- bzw. Toastscheiben im Toaster rösten, mit der Avocadobutter bestreichen und mit der Tomaten-Krabben-Salsa auf Tellern anrichten.

+ ***Wer das meist unsichtbare Fett rund um die inneren Organe zum Schmelzen bringen möchte, sollte seinen Brotkonsum reduzieren oder zumindest zur Vollkorn- oder Eiweißvariante greifen. Denn Studien konnten nachweisen, dass Blutdruck und Blutzuckerspiegel abnehmen, wenn man regelmäßig Vollkornbrot isst. Bei einigen Probanden war sogar ein Rückgang des Bauchumfangs messbar. Der einfache Hintergrund: Vollkornbrot enthält deutlich mehr Ballaststoffe und Mineralstoffe.***

ROASTBEEF-SANDWICH MIT SPROSSEN

FÜR 2 PERSONEN | 10 MIN. ZUBEREITUNG
PRO PORTION: CA. 210 KCAL | 11 G EW | 9 G F | 21 G KH

1 Handvoll Rucola (ersatzweise Feldsalat)
10 g Rettichsprossen
2 getr. Tomaten (in Öl eingelegt)
1 EL Sahnemeerrettich
2 EL Frischkäse (16 % Fett)
1 TL Zitronensaft
Salz, Pfeffer
2 Scheiben Vollkornbrot (à ca. 50 g)
50 g Roastbeef (in dünnen Scheiben; ersatzweise Corned Beef oder Putenbrustaufschnitt)

1 Den Rucola verlesen, waschen und trocken tupfen, dabei grobe Stiele entfernen. Die Sprossen in einem Sieb abbrausen und abtropfen lassen. Die Tomaten etwas abtropfen lassen und in Streifen schneiden.

2 Den Sahnemeerrettich mit Frischkäse und Zitronensaft in einer kleinen Schüssel gut verrühren und alles mit Salz und Pfeffer abschmecken.

3 Die Vollkornbrotscheiben im Toaster rösten, mit dem Meerrettich-Mix bestreichen und mit den Roastbeef-Scheiben belegen. Die Vollkornbrote auf Tellern anrichten und mit Rucola, Rettichsprossen und Tomatenstreifen garnieren.

+ ***Weniger Fleisch und Wurst auf dem Teller ist in vielerlei Hinsicht gesünder. Am besten sollten Sie fettarme Fleischvarianten wählen, wie hier der Roastbeef-Braten, und diese in kleineren Mengen. Anders als oft angenommen, bringt der Tausch von Wurstwaren gegen pflanzliche Fleischersatzprodukte dagegen kaum Vorteile. Zwar können Letztere je nach Hersteller im Vergleich zu Wurst weniger Fett und Purine enthalten. Allerdings mischen einige Hersteller Zucker, Salz, bedenkliche Zusatzstoffe wie Säureregulatoren, Geschmacksverstärker oder Räucheraroma bei, um einen intensiveren bzw. wurstähnlichen Geschmack zu erreichen. Checken Sie daher bei Fertigprodukten am besten immer die Zutatenliste: Je kürzer sie ist, desto besser!***

EIERMUFFINS

FÜR 8 SILIKON-MUFFINFÖRMCHEN | 10 MIN. ZUBEREITUNG | 15 MIN. BACKEN
PRO STÜCK: CA. 100 KCAL | 8 G EW | 7 G F | 1 G KH

1 kleine rote Spitzpaprika
2 getr. Tomaten
1 Scheibe Kochschinken (ca. 30 g)
50 g Emmentaler (am Stück)
6 Bio-Eier (M)
50 ml Milch (1,5 % Fett)
1 TL getr. Basilikum
Pfeffer

1 Den Backofen auf 200° vorheizen. Die Paprika waschen, längs halbieren, weiße Trennwände und Kerne entfernen, die Hälften klein würfeln. Tomaten und Schinken ebenfalls klein würfeln. Käse fein reiben.

2 Die Eier in eine Rührschüssel schlagen und mit Milch, Basilikum und Pfeffer mit einem Schneebesen gründlich verquirlen. Dann Paprika, Tomaten und Schinken dazugeben und alles gleichmäßig untermischen.

3 Die Masse gleichmäßig auf die Muffinformen verteilen und mit dem Käse bestreuen. Die Muffins im Ofen (Mitte) in ca. 15 Min. goldbraun backen. Herausnehmen und kurz abkühlen lassen, dann aus den Formen lösen und vollständig abkühlen lassen. Die Muffins halten sich im Kühlschrank ca. 2 Tage und schmecken auch kalt.

+ ***Der Auslauf im Grünen beschert Hühnern und Co. deutlich mehr Abwechslung im Futter. Bio-Eier punkten daher nicht nur geschmacklich, sondern auch in Sachen Nährstoffdichte. Eier machen gut satt, und wer satt ist, snackt nicht – ein wichtiger Faktor gegen Bauchfett.***

LAUCH-SCHINKEN-KÜCHLEIN

FÜR 6 SILIKON-MUFFINFÖRMCHEN | 20 MIN. ZUBEREITUNG | 20 MIN. BACKEN
PRO STÜCK: CA. 65 KCAL | 4 G EW | 5 G F | 1 G KH

200 g Lauch
1 kleine Zwiebel
1 Knoblauchzehe
1 EL Rapsöl
Salz, Pfeffer
¼ Bund Petersilie
2 Bio-Eier (M)
1 EL Kräuterfrischkäse (16 % Fett)
25 g magere Rohschinkenwürfel
Chilipulver
edelsüßes Paprikapulver

1 Den Lauch putzen, waschen und in feine Streifen schneiden. Zwiebel und Knoblauch schälen, fein würfeln und in einer Pfanne im Öl bei mittlerer Hitze kurz andünsten. Den Lauch dazugeben und alles zugedeckt noch 8–10 Min. garen. Mit Salz und Pfeffer würzen und in einer Schüssel ca. 15 Min. abkühlen lassen.

2 Den Backofen auf 200° vorheizen. Inzwischen die Petersilie waschen, trocken tupfen, die Blätter abzupfen und fein hacken. Eier, Frischkäse, Schinkenwürfel und Petersilie mit der Lauchmasse mischen und mit 1 Prise Chilipulver und etwas Paprikapulver abschmecken. Die Lauchmasse in die Muffinförmchen füllen und im Backofen (Mitte) ca. 20 Min. backen. Herausnehmen, gut abkühlen lassen und vorsichtig aus den Förmchen lösen. Als Snack sind zwei Küchlein empfehlenswert.

+ ***Zwiebelgewächse schmecken süßlich-mild bis aromatisch-scharf. Der charakteristische Geschmack kommt von den schwefelhaltigen Inhaltsstoffen, den Sulfiden. Diese wirken antibakteriell, antioxidativ und präbiotisch, das heißt, sie fördern Schlankmacher-Bakterien im Darm.***

KRÄUTERFRÜH-STÜCKSROLLE

FÜR 2 PERSONEN | 15 MIN. ZUBEREITUNG
PRO PORTION: CA. 410 KCAL | 32 G EW | 29 G F | 5 G KH

60 g Emmentaler (am Stück)
4 Bio-Eier (M)
100 ml Milch (1,5 % Fett)
4 EL gehackte Petersilie
2 EL gehacktes Basilikum
Salz, Pfeffer
2 TL Rapsöl
2 große Scheiben Kochschinken (ca. 70 g)

1 Den Käse fein reiben. Die Eier mit der Milch in einer Rührschüssel mit einer Gabel oder einem Schneebesen gründlich verquirlen. Petersilie und Basilikum hinzufügen und alles mit Salz und Pfeffer würzen.

2 In einer Pfanne 1 TL Öl erhitzen, die Hälfte der Eiermasse hineingeben und darin bei mittlerer Hitze in ca. 3 Min. stocken lassen. Dann jeweils die Hälfte des geriebenen Käses und 1 Schinkenscheibe auf dem Omelett verteilen und ca. 2 Min. mit erhitzen.

3 Den Eierkuchen vorsichtig aus der Pfanne auf einen Teller gleiten lassen und warm halten. Aus den übrigen Zutaten einen zweiten Eierkuchen herstellen. Zum Servieren beide Eierkuchen kompakt aufrollen, nach Belieben quer halbieren und auf Teller setzen.

+ *Kräuter und Wildkräuter sind echte Superfoods, die an verschiedenen Stellen im Stoffwechsel unterstützen: Fenchel, Dill und Bohnenkraut beruhigen den Magen-Darm-Trakt, entkrampfen und schützen vor Blähungen. Petersilie, Basilikum und Kresse regen die Nierentätigkeit und Harnbildung an und wirken daher entwässernd. Wer reichlich Küchenkräuter verwendet, kann Salz einsparen und so hohem Blutdruck vorbeugen, der oft in Verbindung mit viszeralem Fett auftritt. Wer will, serviert noch frische Tomaten oder ein paar Radieschen zur Kräuterfrühstücksrolle – das wertet Ihr Frühstück mit Nährstoffen wie Vitaminen auf.*

SPINATOMELETT MIT PUTENBRUST

FÜR 2 PERSONEN | 15 MIN. ZUBEREITUNG
PRO PORTION: CA. 445 KCAL | 25 G EW | 36 G F | 5 G KH

30 g Parmesan (am Stück)
30 g Baby-Blattspinat
80 g braune Champignons
30 g Putenbrustaufschnitt (in dünnen Scheiben)
1 Handvoll Petersilienblätter
1 EL Mandelblättchen
4 Bio-Eier (M)
4 EL Milch (1,5 % Fett)
1 Msp. frisch geriebene Muskatnuss
Salz, Pfeffer
1½ EL Rapsöl

1 Den Parmesan reiben. Den Spinat verlesen, waschen und trocken tupfen, dabei grobe Stiele entfernen. Die Champignons putzen, bei Bedarf mit einem Tuch abreiben und in feine Scheiben schneiden. Die Putenbrustscheiben in dünne Streifen schneiden. Die Petersilie waschen, trocken tupfen und fein hacken. Die Mandeln in einer kleinen beschichteten Pfanne ohne Fett hell rösten. Herausnehmen und abkühlen lassen.

2 Die Eier in einen hohen Rührbecher geben und mit einer Gabel verquirlen. Die Milch und den geriebenen Parmesan hinzufügen und alles mit Muskat, Salz und Pfeffer abschmecken.

3 Das Öl in einer beschichteten Pfanne erhitzen, die Eiermasse hineingießen und darin bei mittlerer Hitze in ca. 5 Min. stocken lassen. Das Omelett wenden und noch ca. 3 Min. stocken lassen. Die Oberfläche des Omeletts mit Spinat, Pilzen und Putenbrustaufschnitt bedecken und alles noch ca. 2 Min. garen.

4 Zum Servieren das Omelett zusammenklappen, halbieren und auf Tellern anrichten. Mit der Petersilie und den Mandelblättchen garnieren.

+ *Spinat ist empfehlenswert, weil er Bitterstoffe enthält, die unser Sättigungsgefühl fördern. Deshalb darf er, wie auch anderes grünes Blattgemüse, möglichst oft auf den Teller. Spinat liefert zudem wenig Kalorien, aber viele Ballaststoffe und blutdrucksenkendes Kalium. Er punktet extra mit Carotinoiden (können im Körper zu Vitamin A umgewandelt werden), Vitamin C (stärkt das Immunsystem), Vitamin K (ist wichtig für die Blutgerinnung), Eisen (ist wichtig für die Bildung des roten Blutfarbstoffs Hämoglobin, welcher Sauerstoff zu den Zellen transportiert), Kalzium (ist wichtig für gesunde Knochen, Muskeln und Nerven) und Folsäure (unterstützt eine optimale Zellfunktion und das Wachstum von Gewebe).*

WÜRZIGES »RÜHREI« AUS KICHERERBSEN

FÜR 2 PERSONEN | 15 MIN. ZUBEREITUNG
PRO PORTION: CA. 365 KCAL | 12 G EW | 14 G F | 41 G KH

400 g Kichererbsen (aus der Dose)
1 Knoblauchzehe
1 EL Olivenöl
½ TL rosenscharfes Paprikapulver
½ TL gemahlene Kurkuma
½ TL gemahlener Kreuzkümmel
Salz, Pfeffer
4 EL ungesüßter Haferdrink
1 TL Harissa (scharfe Würzpaste)
1 EL Zitronensaft
3 Stängel Petersilie

1 Die Kichererbsen in einem Sieb abbrausen und abtropfen lassen. Den Knoblauch schälen und fein würfeln. Das Öl in einer Pfanne erhitzen und Kichererbsen, Knoblauch, Gewürze, 1 Prise Salz und etwas Pfeffer darin bei mittlerer Hitze 4–5 Min. anbraten, bis Kichererbsen und Knoblauch eine goldgelbe Farbe angenommen haben.

2 Anschließend Haferdrink und Harissa hinzufügen, gut unterrühren und alles noch 3–4 Min. köcheln lassen. Dabei die Kichererbsen mit einer Gabel vorsichtig zerdrücken. Sobald die Masse etwas eingedickt ist, nochmals mit Salz, Pfeffer und Zitronensaft abschmecken.

3 Zum Servieren die Petersilie waschen, trocken tupfen und die Blätter abzupfen. Das Kichererbsen-»Rührei« auf Teller verteilen und mit der Petersilie bestreuen. Dazu passt pro Person noch 1 Scheibe getoastetes Vollkorn- oder Sauerteigbrot, nach Belieben mit Schnittlauchblüten und Radieschen garnieren.

+ *Ein Eiweiß-Booster für alle, die sich pflanzenbasiert ernähren möchten: Das Rührei bietet eine schnelle pflanzliche Alternative zum herkömmlichen Rührei. Eiweiß zum Frühstück ist im Kampf gegen Bauchfett wichtig, weil es uns lange satt hält und vor dem Snacken bewahrt. Neben Protein und Ballaststoffen liefern Kichererbsen unserem Körper wertvolles Eisen und enthalten die antientzündlich wirksamen Mineralstoffe Zink und Magnesium. Schließlich gilt für alle Hülsenfrüchte: Laut aktueller Ernährungsstudien taugen sie sehr gut gegen Bauchfett, Diabetes und Co.*

PROTEIN-PANCAKES MIT BEEREN

FÜR 2 PERSONEN | 20 MIN. ZUBEREITUNG | 15 MIN. RUHEN
PRO PORTION: CA. 415 KCAL | 18 G EW | 17 G F | 44 G KH

30 g Vollkorn-Dinkelmehl
25 g teilentöltes Sojamehl
1 TL Backpulver
30 g teilentöltes Hanfmehl (ersatzweise gemahlene geschälte Hanfsamen)
1 EL Hanfproteinpulver
2 EL zarte Haferflocken
1 Msp. gemahlene Vanille
½ Banane
150 ml ungesüßter Haferdrink (ersatzweise Sojadrink)
250 g Beeren (z. B. Erd- oder Heidelbeeren)
1 EL geröstetes Sesamöl (ersatzweise Rapsöl)

1 Dinkelmehl und Sojamehl in einer Schüssel mit dem Backpulver mischen. Hanfmehl, Hanfproteinpulver, Haferflocken und Vanille dazugeben und alles gut mischen. Die Banane schälen und mit einer Gabel gründlich zerdrücken. Haferdrink und Banane zu den trockenen Zutaten geben und alles mit den Schneebesen des Handrührgeräts zu einem glatten Teig verrühren. Den Teig ca. 15 Min. ruhen lassen.

2 Währenddessen die Beeren verlesen, waschen und trocken tupfen, Erdbeeren putzen. Die Hälfte der Beeren in einem hohen Rührbecher mit dem Pürierstab fein pürieren, restliche Erdbeeren halbieren.

3 In einer großen Pfanne ½ EL Öl erhitzen, aus dem Teig vier Pancakes hineinsetzen und bei mittlerer Hitze auf jeder Seite hell ausbacken. Herausnehmen und auf Küchenpapier abtropfen lassen. Aus dem übrigen Öl und restlichen Teig nochmals vier Pancakes backen.

4 Zum Servieren die Pancakes auf Tellern anrichten, mit dem Beerenpüree bestreichen und mit den restlichen Beeren garnieren.

+ ***Die kleinen Pfannkuchen versorgen uns schon am Morgen mit gesundem Pflanzeneiweiß aus Soja, Hanf und Dinkel – das hält uns lange satt und schützt vor Heißhungerattacken. Die Beeren sind üppig bemessen, da sie nur wenig Fruchtzucker enthalten. Zudem sind sie eine Freude für Auge und Gaumen und liefern reichlich Ballaststoffe, Vitamin C sowie sekundäre Pflanzenstoffe. Die Hanfsamen punkten übrigens als gute Quelle für Eiweiß und Omega-3-Fettsäuren.***

PROTEIN-SMOOTHIE MIT BEEREN

FÜR 2 PERSONEN | 10 MIN. ZUBEREITUNG | 30 MIN. EINWEICHEN
PRO PORTION: CA. 240 KCAL | 15 G EW | 12 G F | 17 G KH

40 g Cashewkerne
300 g Erdbeeren (frisch oder TK)
1 Stängel Minze
250 g Seidentofu
1 EL Reisproteinpulver

1 Die Cashewkerne in einer Schüssel mit kochend heißem Wasser übergießen und ca. 30 Min. einweichen. Anschließend in ein Sieb abgießen und abtropfen lassen.

2 Die Beeren putzen, waschen und trocken tupfen (TK-Ware rechtzeitig auftauen lassen, in einem Sieb einmal mit heißem Wasser übergießen und abtropfen lassen). Die Minze waschen, trocken tupfen und die Blätter abzupfen.

3 Cashewkerne, Beeren, Minze, Seidentofu und Reisproteinpulver in den Standmixer geben und alles fein pürieren. Ca. 100 ml Wasser dazugeben und untermixen. Zum Servieren den Smoothie auf Gläser verteilen.

+ *Seidentofu ähnelt von der cremigen Konsistenz und dem milden Geschmack her Joghurt oder Quark – wer sich nicht vegan ernähren möchte, kann auch diese Milchprodukte in den Smoothie mixen. Seidentofu punktet allerdings mit hochwertigem Pflanzenprotein, das gerade bei Bauchfett einen größeren Platz auf dem Teller einnehmen sollte. Denn Pflanzenproteine verringern das Risiko für Arterienverkalkung deutlicher als tierisches Eiweiß.*

GRÜNER SMOOTHIE

FÜR 2 PERSONEN | 10 MIN. ZUBEREITUNG
PRO PORTION: CA. 110 KCAL | 2 G EW | 1 G F | 20 G KH

1 Grapefruit
1 Zitrone
1 grüner säuerlicher Apfel
120 g Salatgurke
20 g Feldsalat
5 g Basilikumblätter
1 EL kalt gepresstes Hanföl

1 Grapefruit und Zitrone halbieren und auspressen. Den Apfel waschen, vierteln und das Kerngehäuse entfernen, die Apfelviertel grob in Würfel schneiden. Die Salatgurke putzen, waschen und ebenfalls grob in Würfel schneiden. Feldsalat und Basilikumblätter verlesen, waschen und trocken tupfen, dabei grobe Stiele entfernen.

2 Alle Zutaten – bis auf das Hanföl – mit 100 ml Wasser in den Standmixer geben und in ca. 2 Min. fein pürieren (alternativ in einem hohen Rührbecher mit dem Pürierstab arbeiten). Zum Servieren den Smoothie auf Gläser verteilen und mit dem Hanföl beträufeln. Er schmeckt am besten eisgekühlt. Dafür nach der Zubereitung mind. 30 Min. kühl stellen oder noch 2 Eiswürfel pro Glas ergänzen und direkt trinken.

+ ***Grüne Smoothies liefern meist eine hohe Nährstoffdichte. Sie sind reich an Vitaminen, Mineral- und Ballaststoffen und enthalten, anders als ein reiner Obst-Smoothie, deutlich weniger Fruchtzucker. Das ist wichtig, denn gerade Personen, die mit Bauchfett kämpfen, sollten nicht mehr als 1–2 Portionen Obst am Tag (am besten zuckerarme Sorten wie Beeren oder Zitrusfrüchte) essen. Zu viel Fruchtzucker belastet die Leber, bremst das Sättigungshormon Leptin und lässt damit die Fettdepots rund um die inneren Organe eher wachsen.***

Kalte HAUPT-GERICHTE

SALAT MIT BOHNEN UND CASHEWKERNEN

FÜR 2 PERSONEN | 25 MIN. ZUBEREITUNG
PRO PORTION: CA. 620 KCAL | 24 G EW | 45 G F | 30 G KH

250 g grüne Bohnen (frisch oder TK)
3 Frühlingszwiebeln
Salz
1 Mini-Römersalat
2 Tomaten
1 Büffelmozzarellakugel (125 g; ersatzweise Mozzarella aus Kuhmilch)
40 g Cashewkerne
3 Stängel Basilikum (ersatzweise 2 EL TK-Basilikum)
2 EL Olivenöl
2 EL Balsamico bianco
½ TL flüssiger Honig
½ TL körniger Senf
Pfeffer

1. Die Bohnen putzen, waschen und halbieren (ggf. blanchieren, s. Tipp). Die Frühlingszwiebeln putzen und waschen, weißen und grünen Teil separat in dünne Ringe schneiden, die grünen Ringe zum Garnieren beiseitelegen. Die weißen Frühlingszwiebelringe mit den Bohnen in einem Topf in ca. 100 ml Wasser mit etwas Salz zugedeckt bei kleiner Hitze 15–20 Min. dünsten.

2. Währenddessen den Salat putzen, waschen und trocken schütteln, in mundgerechte Stücke zupfen. Die Tomaten waschen und klein würfeln, dabei die Stielansätze entfernen. Den Mozzarella abtropfen lassen und ebenfalls würfeln. Alle drei in eine Salatschüssel geben. Die Cashewkerne in einer kleinen beschichteten Pfanne ohne Fett hell rösten. Herausnehmen und abkühlen lassen.

3. Für die Vinaigrette das Basilikum waschen, trocken tupfen und die Blätter abzupfen. Mit Öl, Essig, Honig und Senf in einen hohen Rührbecher geben und alles mit dem Pürierstab gleichmäßig cremig pürieren. Mit Salz und Pfeffer abschmecken.

4. Bohnen und Frühlingszwiebeln in ein Sieb abgießen, kalt abschrecken und in die Salatschüssel zum Gemüse geben. Den Salat mit der Vinaigrette mischen und auf Tellern anrichten. Mit Cashewkernen und grünen Frühlingszwiebelringen bestreuen.

***+** Bohnen sind ein guter Tipp für alle, die Fettdepots rund um die inneren Organe vermeiden möchten. Denn sie zählen zu den Hülsenfrüchten, die reichlich Ballaststoffe und langkettige Kohlenhydrate liefern. Um die grüne Farbe zu erhalten, die Bohnen vor dem Garen noch kurz blanchieren: Dazu in einer Schüssel mit kochend heißem Wasser übergießen, abgedeckt ca. 2 Min. stehen lassen und in ein Sieb abgießen. Dann kalt abschrecken und wie angegeben garen.*

BROKKOLISALAT MIT PANIERTEM FETA

FÜR 2 PERSONEN | 20 MIN. ZUBEREITUNG
PRO PORTION: CA. 695 KCAL | 29 G EW | 57 G F | 13 G KH

350 g Brokkoli
Salz
10 g Pistazienkerne
1 rote Zwiebel
100 g säuerlicher Apfel
150 g Schafskäse (z. B. Feta; ersatzweise Kuhmilch-Hirtenkäse)
1 Bio-Ei (M)
Pfeffer
1 Msp. frisch geriebene Muskatnuss
50 g gemahlene Mandeln
1 EL Rapsöl
1½ EL Walnussöl (ersatzweise Olivenöl)
2 EL Walnussessig (ersatzweise Aceto balsamico bianco)
1 TL Zitronensaft
etwas abgeriebene Bio-Zitronenschale

1. Den Brokkoli putzen, waschen und in Röschen teilen (ggf. blanchieren, s. Tipp S. 56). In einem Topf in leicht gesalzenem Wasser in 10–12 Min. bissfest garen. Anschließend in ein Sieb abgießen und abtropfen sowie abkühlen lassen.

2. Inzwischen die Pistazien in einer kleinen beschichteten Pfanne ohne Fett hell rösten, herausnehmen und abkühlen lassen, dann grob hacken. Die Zwiebel schälen und in feine Ringe schneiden. Den Apfel waschen, halbieren, entkernen und in kleine Würfel schneiden.

3. Den Fetablock in sechs gleich große Stücke schneiden. Das Ei in einem tiefen Teller mit einer Gabel verquirlen und mit Salz, Pfeffer und Muskatnuss würzen. Die gemahlenen Mandeln ebenfalls in einen tiefen Teller geben. Die Fetastücke erst im Ei, dann in den gemahlenen Mandeln wenden. Dabei die Panade gut festdrücken.

4. Das Rapsöl in einer Pfanne erhitzen und den panierten Feta darin von allen Seiten jeweils 2–3 Min. anbraten, bis er goldbraun ist. Herausnehmen und auf Küchenpapier abtropfen lassen.

5. Für das Dressing Walnussöl, Walnussessig, Zitronensaft und -schale in einer Salatschüssel gut verrühren, salzen und pfeffern. Brokkoli, Pistazien, Zwiebel und Apfel dazugeben und alles gut mischen. Zum Servieren den Salat auf Tellern anrichten und den panierten Feta daraufsetzen.

Mandeln gehören zu meinen Geheimtipps. Denn Mandelesser haben nachweislich weniger Bauchfett: Täglich 1 Handvoll ist eine wirksame Dosis. Einfach so snacken oder gemahlen verarbeiten, wie hier in der (glutenfreien) Panade. Das spart im Vergleich zu Paniermehl Kohlenhydrate, erhöht den Eiweißanteil und liefert gesunde Fette.

GRIECHISCHER NUDELSALAT MIT KICHERERBSEN

FÜR 2 PERSONEN | 20 MIN. ZUBEREITUNG
PRO PORTION: CA. 445 KCAL | 17 G EW | 25 G F | 38 G KH

1 Die Nudeln nach Packungsanweisung in Salzwasser in 6–8 Min. al dente garen, in einem Sieb abtropfen lassen und in eine Salatschüssel geben.

2 Inzwischen Zwiebel und Knoblauch schälen, die Zwiebel in feine Ringe, den Knoblauch in feine Würfel schneiden. Die Kichererbsen in einem Sieb abbrausen und abtropfen lassen. Die Tomaten waschen und vierteln. Eingelegte Tomaten abtropfen lassen und in feine Streifen schneiden. Die Gurke putzen, waschen und in kleine Würfel schneiden. Den Feta mit den Händen zerbröseln. Basilikum-, Minz- und Petersilienblätter waschen, trocken tupfen und grob hacken.

3 Für das Dressing Olivenöl und Zitronensaft in einer kleinen Schüssel gut mischen und mit Oregano, Chili, Salz und Pfeffer abschmecken. Alle restlichen Zutaten (inkl. Oliven) zu den Nudeln in die Salatschüssel geben, das Dressing hinzufügen und gut untermischen. Zum Servieren den Salat auf Tellern anrichten.

60 g kurze Dinkelnudeln (ersatzweise Pasta aus Hülsenfrüchten)
Salz
1 rote Zwiebel
1 kleine Knoblauchzehe
50 g Kichererbsen (aus der Dose)
150 g Kirschtomaten
40 g getr. Tomaten (in Öl eingelegt)
100 g Salatgurke
100 g Schafskäse (z. B. Feta)
1 Handvoll Basilikumblätter
1 Handvoll Minzblätter
1 Handvoll Petersilienblätter
2 EL Olivenöl
2 EL Zitronensaft
½ TL getr. Oregano
1 Msp. Chiliflocken
Pfeffer
30 g schwarze Oliven (entsteint)

+ ***Wer seinem Darm etwas Gutes tun will, gart die Nudeln bereits am Vorabend und lässt sie abkühlen. Die Stärke in der Pasta verändert sich beim Abkühlen. Sie heißt dann »resistente« Stärke, weil unser Darm sie nicht mehr aufschließen kann. Ein Teil der Nudelstärke gelangt unverdaut in den Dickdarm, wo sie von den dort vorkommenden Bakterien (u. a. Spezies der Stämme Bifidobacterium und Lactobacillus) fermentiert wird. Das fördert die Darmgesundheit, schlägt aber nicht aufs Kalorienkonto. Resistente Stärke entsteht, wenn man auch andere stärkehaltige Lebensmittel wie Kartoffeln oder Reis nach dem Garen mindestens 12 Std. abkühlen lässt. Einige Lebensmittel enthalten von Haus aus diese Stärkeform wie etwa Haferflocken, unreife Bananen oder Möhren.***

VEGANE BUDDHA BOWL

FÜR 2 PERSONEN | 20 MIN. ZUBEREITUNG
PRO PORTION: CA. 530 KCAL | 19 G EW | 35 G F | 29 G KH

80 g Baby-Blattspinat
240 g Kichererbsen (aus der Dose)
200 g gegarte Rote Bete (vakuumverpackt)
125 g Champignons
1 Avocado
1 Limette
2 EL Erdnussmus
1 TL glutenfreie Sojasauce
1 TL gemahlener Kreuzkümmel
Salz, Pfeffer
2 Stängel Dill

1 Den Spinat verlesen, waschen und trocken tupfen, dabei grobe Stiele entfernen. Die Kichererbsen in einem Sieb abbrausen und gründlich abtropfen lassen.

2 Die Rote Bete in kleine Würfel schneiden (Achtung, färbt stark ab!). Die Champignons putzen, bei Bedarf mit einem Tuch abreiben und vierteln. Die Avocado halbieren und den Kern entfernen, das Fruchtfleisch aus den Schalen lösen und in Streifen schneiden.

3 Die Limette halbieren und auspressen, den Saft mit Erdnussmus, Sojasauce und Kreuzkümmel verrühren. Das Dressing mit Salz und Pfeffer abschmecken und, falls es zu fest ist, noch etwas Wasser untermischen. Den Dill waschen, trocken tupfen und die Spitzen abzupfen.

4 Zum Servieren den Spinat auf Schalen (Bowls) verteilen, Rote Bete, Kichererbsen, Champignons und Avocado nebeneinander auf den Spinat schichten und das Dressing darübergeben. Mit dem Dill garnieren.

Eine Schüssel voll Gemüse und Hülsenfrüchte – was hilft besser gegen Heißhunger? Pflanzenkost liefert ausreichend Ballaststoffe und komplexe Kohlenhydrate zum Sattwerden. Hier ist die Rote Bete zudem ein guter Lieferant für Folsäure. Dieses B-Vitamin brauchen wir unter anderem für die Blutbildung und Zellteilung, weshalb insbesondere Schwangere einen Mehrbedarf an Folsäure haben. Der rote Farbstoff der Knollen beruht auf dem Stoff Betanin, der auch als Lebensmittelfarbstoff (E 162) verwendet wird. Betanin schützt uns vor freien Radikalen sowie Arteriosklerose und bestimmten Krebsformen.

SPARGELSALAT MIT ERDBEEREN

FÜR 2 PERSONEN | 30 MIN. ZUBEREITUNG
PRO PORTION: CA. 330 KCAL | 12 G EW | 23 G F | 18 G KH

250 g weißer Spargel
250 g grüner Spargel
Salz
Zucker
2 EL Pinienkerne
120 g Baby-Blattspinat
250 g Erdbeeren
2 EL Feigen- oder Himbeeressig (ersatzweise Weißweinessig)
½ TL flüssiger Honig
2 EL Olivenöl
Pfeffer
20 g geraspelter Parmesan

1 Beide Spargelsorten waschen, den weißen Spargel ganz, den grünen nur im unteren Drittel schälen, dabei die holzigen Enden jeweils entfernen. Beide Sorten schräg in 4–5 cm lange Stücke schneiden.

2 In einem Topf ausreichend Wasser mit etwas Salz und Zucker aufkochen. Die weißen Spargelstücke darin bei mittlerer Hitze je nach Dicke 5–10 Min. garen. Dann die grünen Spargelstücke dazugeben und alles noch 8–10 Min. garen. Anschließend den Spargel abgießen und in einer Schüssel abkühlen lassen.

3 Inzwischen die Pinienkerne in einer kleinen beschichteten Pfanne ohne Fett hell rösten, herausnehmen und abkühlen lassen.

4 Den Spinat verlesen, waschen und trocken tupfen, dabei grobe Stiele entfernen. Die Erdbeeren waschen, putzen und vierteln.

5 Für die Vinaigrette Essig, Honig und Öl in einer kleinen Schüssel gründlich verrühren und mit Salz und Pfeffer abschmecken. Zum Servieren erst den Spinat, dann die Spargelstücke und Erdbeeren auf Teller verteilen und mit der Vinaigrette beträufeln. Mit Pinienkernen und Parmesan bestreut servieren.

+ *Grüner Spargel liefert nennenswerte Mengen Vitamin C und Folsäure, außerdem sekundäre Pflanzenstoffe wie Carotinoide und schwefelhaltige Sulfide. Letztere wirken antibakteriell und krebshemmend. Der weiße Bruder tut dank des präbiotischen Ballaststoffs Inulin und der Saponine unserem Mikrobiom gut, sein Kalium senkt den Blutdruck – beides wichtige Faktoren im Kampf gegen zu viel Bauchfett. Damit der Salat ausreichend Eiweiß liefert und gut sättigt, pro Person noch ein kleines Stück gebratenes Hähnchenbrustfilet (ca. 100 g mit 145 kcal, 22 g EW, 6 g F, 0 g KH) oder 1 Scheibe Eiweißbrot mit Dinkel und Soja (s. S. 26) dazu essen.*

GEGRILLTER HALLOUMI MIT PFIRSICH

FÜR 2 PERSONEN | 20 MIN. ZUBEREITUNG
PRO PORTION: CA. 660 KCAL | 28 G EW | 52 G F | 21 G KH

1 Halloumi (200 g)
2 kleine Pfirsiche
150 g Rucola
200 g Kirschtomaten
20 g Sonnenblumenkerne
2 EL Olivenöl
2 EL Aceto balsamico
½ TL mittelscharfer Senf
½ TL Agavendicksaft
Salz, Pfeffer

1 Den Halloumi längs in vier gleich dicke Scheiben schneiden. Die Pfirsiche waschen, halbieren und entkernen. Käse und Pfirsichhälften in einer Grillpfanne ohne Fett auf jeder Seite ca. 5 Min. grillen, bis sie leicht gebräunt sind, vom Herd nehmen und beiseitestellen. (Alternativ unter dem Backofengrill oder auf dem Holzkohlegrill bräunen.)

2 Inzwischen den Rucola verlesen, waschen und trocken tupfen, dabei grobe Stiele entfernen. Die Tomaten waschen und halbieren, mit dem Rucola in eine Schüssel geben. Die Sonnenblumenkerne in einer kleinen beschichteten Pfanne ohne Fett hell rösten. Herausnehmen und abkühlen lassen.

3 Für die Vinaigrette Öl, Essig, Senf und Agavendicksaft in einen hohen Rührbecher geben und mit dem Pürierstab so lange fein mixen, bis sich alles gemischt hat. Die Vinaigrette mit Salz und Pfeffer abschmecken.

4 Zum Servieren Halloumi und Pfirsiche mit dem Rucola-Tomaten-Mix auf Tellern anrichten und alles mit der Vinaigrette beträufeln. Zuletzt mit den Sonnenblumenkernen bestreuen.

+ ***Kennen Sie Halloumi? Der würzige Grillkäse liefert im Vergleich zu Feta oder Mozzarella noch mehr Eiweiß und eignet sich daher besonders gut für Gerichte, die wenig Kohlenhydrate liefern sollen. Eine gute Idee für alle, die ihrem Bauchfett zu Leibe rücken möchten. Zudem ist der Grillkäse eine gute Alternative zum klassischen Grillgut wie Schweinefleisch oder Würstchen – diese Lebensmittel sollten Sie nur selten essen, um die Fettdepots zu bekämpfen.***

WASSERMELONENSALAT MIT EDAMAME

FÜR 2 PERSONEN | 20 MIN. ZUBEREITUNG
PRO PORTION: CA. 580 KCAL | 12 G EW | 35 G F | 52 G KH

200 g TK-Edamame (ersatzweise aus der Dose)
300 g Wassermelone (möglichst kernarm)
1 Salatgurke
2 Frühlingszwiebeln
½ Bund Minze
Salz, Pfeffer
1 TL Sumach (orientalisches Gewürz)
2 EL Olivenöl
Saft von ½ Zitrone
1 EL Granatapfelsirup (ersatzweise Ahornsirup)
2 EL Pistazienkerne
2 EL Tahin (Sesampaste)

1 Die Edamame rechtzeitig in einem Sieb auftauen lassen (alternativ in einem Topf in kochendem Wasser ca. 2 Min. köcheln lassen, in ein Sieb abgießen und abtropfen lassen).

2 Die Wassermelone schälen und in ca. 1,5 cm große Würfel schneiden. Die Gurke putzen, waschen und in kleine Würfel schneiden. Die Frühlingszwiebeln putzen, waschen und in dünne Ringe schneiden. Die Minze waschen, trocken tupfen, die Blätter abzupfen und fein hacken.

3 Edamame, Wassermelone, Gurke, Frühlingszwiebeln und Minze in eine Salatschüssel geben und kräftig mit Salz und Pfeffer würzen. Anschließend mit Sumach bestreuen und alles vorsichtig durchheben.

4 Für das Dressing Olivenöl, Zitronensaft und Granatapfelsirup in einer kleinen Schüssel verrühren und mit Salz und Pfeffer würzen. Das Dressing über die Zutaten geben und alles gründlich mischen.

5 Zum Servieren den Salat auf Teller verteilen, mit den Pistazien bestreuen und mit Tahin beträufeln.

+ ***Der Salat versammelt köstliche Anti-Bauchfett-Zutaten aus der Levante-Küche: Sumach, Granatapfel, Tahin und Pistazien. Vor allem die grünen Nusskerne liefern reichlich ungesättigte Fettsäuren und verbessern so Cholesterinspiegel und Herzgesundheit. Pistazien sind echte Power-Nüsse – sie überzeugen mit einem ebenso günstigen Fettsäuremuster wie Mandeln oder Walnüsse. On top kommen Edamame, unreife Sojabohnen. Sie liefern hochwertiges Pflanzeneiweiß, das gut vom Körper verwertet wird, und sind wie alle Hülsenfrüchte ideal gegen Bauchfett.***

BULGURSALAT MIT ROTEN LINSEN

FÜR 2 PERSONEN | 20 MIN. ZUBEREITUNG | 1 STD. ZIEHEN
PRO PORTION: CA. 320 KCAL | 13 G EW | 11 G F | 40 G KH

- 60 g getr. rote Linsen
- 50 g Bulgur
- ½ TL vegane Gemüsebrühe (Instant)
- 2 rote Spitzpaprika
- 100 g Kirschtomaten
- 2 EL Olivenöl
- 50 g Tomatenmark
- 1 EL Sambal Oelek
- 1 EL Zitronensaft
- Salz, Pfeffer
- Zucker
- 2 EL gehackte Petersilie
- 2 EL Schnittlauchröllchen

1 Linsen und Bulgur in einem Sieb abbrausen. Mit 220 ml Wasser und der Brühe aufkochen, dann zugedeckt bei kleiner Hitze 6–7 Min. garen, bis die Flüssigkeit vollständig eingekocht ist. Dabei ab und zu umrühren. Die Linsen-Bulgur-Masse in einer Schüssel abkühlen lassen.

2 Inzwischen die Paprika waschen, längs halbieren, weiße Trennwände und Kerne entfernen, die Hälften klein würfeln. Tomaten waschen und achteln. Für das Dressing Öl, Tomatenmark, Sambal Oelek und Zitronensaft verrühren und mit Salz, Pfeffer und 1 Prise Zucker würzen. Unter den Linsen-Bulgur-Mix mischen, Paprika, Tomaten und Kräuter unterrühren. Den Salat mit Salz und Pfeffer abschmecken und vor dem Servieren im Kühlschrank mindestens 1 Std. durchziehen lassen.

+ *Hülsenfrüchte sind im Kampf gegen Bauchfett immer erste Wahl. Dazu passt ein veganer Dip: 250 g vegane Joghurtalternative aus Soja mit etwas Zitronensaft, Salz, Pfeffer, Petersilie und Minze verrühren.*

SOMMERLICHE GURKENKALTSCHALE

FÜR 2 PERSONEN | 20 MIN. ZUBEREITUNG | 1 STD. KÜHLEN
PRO PORTION: CA. 370 KCAL | 21 G EW | 21 G F | 22 G KH

1 Die Gurke schälen, längs halbieren und die Kerne mit einem Teelöffel entfernen. Gurke würfeln und mit dem Frischkäse in einem hohen Rührbecher mit dem Pürierstab fein pürieren. Zwiebel schälen und fein würfeln. Die Kresse vom Beet abschneiden, waschen und trocken tupfen. In einer Schüssel Gurkenpüree, Zwiebel, Kresse, Buttermilch und Joghurt gründlich verrühren. Die Kaltschale mit Zitronensaft, Salz und Pfeffer abschmecken und im Kühlschrank mindestens 1 Std. ziehen lassen.

2 Inzwischen die Sonnenblumenkerne in einer kleinen beschichteten Pfanne ohne Fett hell rösten. Herausnehmen und abkühlen lassen. Zum Servieren die Kaltschale auf Gläser oder tiefe Teller verteilen und mit Dill und gerösteten Sonnenblumenkernen bestreuen.

500 g Salatgurke
2 EL Frischkäse (16 % Fett)
½ Zwiebel
½ Beet Kresse
500 ml Buttermilch
200 g stichfester Naturjoghurt (1,5 % Fett)
1 EL Zitronensaft
Salz, Pfeffer
50 g Sonnenblumenkerne
2 EL gehackter Dill

+ Buttermilch schmeckt erfrischend, enthält wenig Fett und liefert einiges an Kalzium. Sie eignet sich daher auch pur als sättigende Zwischenmahlzeit. Milchfett war in den jüngsten Studien nicht verantwortlich für Übergewicht, sofern die Mengen nicht übertrieben waren.

BUNTE GEMÜSE-TORTILLA

FÜR 2 PERSONEN | 30 MIN. ZUBEREITUNG | 30 MIN. BACKEN
PRO PORTION: CA. 385 KCAL | 29 G EW | 24 G F | 13 G KH

4 Frühlingszwiebeln
1 rote Paprika
1 kleiner Zucchino (ca. 150 g)
50 g kleine weiße Champignons
1 gegarte Kartoffel (ca. 80 g)
100 g Edamer (am Stück)
1 EL Olivenöl
Salz, Pfeffer
3 Bio-Eier (M)
70 ml Milch (1,5 % Fett)
1 EL gehackte Petersilie
1 EL Schnittlauchröllchen

1 Den Backofen auf 200° vorheizen. Eine Auflaufform (ca. 23 × 27 cm) mit Backpapier auslegen.

2 Die Frühlingszwiebeln putzen, waschen und in dünne Ringe schneiden. Die Paprika waschen, längs halbieren, weiße Trennwände und Kerne entfernen, die Hälften klein würfeln. Zucchino putzen, waschen und ebenfalls in Würfel schneiden. Pilze putzen, bei Bedarf abreiben und in dünne Scheiben schneiden. Die gekochte Kartoffel pellen und in Würfel schneiden. Den Käse fein reiben.

3 Das Öl in einer Pfanne erhitzen und die Frühlingszwiebeln darin 1–2 Min. andünsten. Paprika, Zucchino und Champignons dazugeben und alles bei kleiner Hitze 5–8 Min. mitdünsten. Das Gemüse mit Salz und Pfeffer würzen, vom Herd nehmen und etwas abkühlen lassen.

4 Inzwischen die Eier und die Milch in einer Schüssel gründlich verquirlen, den Käse und die Kräuter unterrühren und alles mit Salz und Pfeffer würzen. Zuerst das Gemüse, dann die Kartoffelwürfel in der Form verteilen und alles mit der Eier-Käse-Milch übergießen.

5 Die Tortilla im Ofen (unten) ca. 30 Min. garen. Dann herausnehmen, mit dem Backpapier aus der Form heben und vollständig abkühlen lassen. Zum Servieren die Tortilla in Stücke schneiden und vom Backpapier lösen. Dazu passt ein frischer Salat.

+ ***Gemüse und Protein (aus Käse und Eiern) – zwei Supersattmacher in einem tollen Anti-Bauchfett-Gericht! Die Tortilla ist damit die Snackbremse schlechthin, denn sie hält uns lange satt. Sie eignet sich übrigens prima als gesunder Snack oder Büfett-Mitbringsel – einfach in mundgerechte Würfel schneiden und mit kleinen Holzspießen aufpicken.***

KICHERERBSEN-COUSCOUS MIT TAHIN

FÜR 2 PERSONEN | 20 MIN. ZUBEREITUNG
PRO PORTION: CA. 630 KCAL | 15 G EW | 37 G F | 13 G KH

1 EL Kürbiskerne
100 g Kichererbsen-Couscous (aus Bioladen oder Reformhaus)
150 g Kirschtomaten
½ Salatgurke
1 Frühlingszwiebel
30 g schwarze Oliven (entsteint)
1 Handvoll Petersilienblätter
1 Handvoll Minzblätter
100 g Schafskäse (z. B. Feta)

Für das Dressing:
1½ EL Olivenöl
Saft von ½ Zitrone
2 EL Tahin (Sesampaste)
1 Knoblauchzehe
½ TL gemahlener Kreuzkümmel
Salz, Pfeffer

1 Die Kürbiskerne in einer kleinen beschichteten Pfanne ohne Fett hell rösten. Herausnehmen und abkühlen lassen. Inzwischen den Kichererbsen-Couscous in eine Salatschüssel geben, mit 150 ml kochend heißem Wasser gerade bedecken und ca. 5 Min. quellen lassen. Anschließend mit einer Gabel auflockern.

2 Währenddessen die Tomaten waschen und halbieren. Die Gurke putzen, waschen, erst längs halbieren und dann in dünne Scheiben schneiden. Die Frühlingszwiebel putzen, waschen und in dünne Ringe schneiden. Die Oliven in dünne Ringe schneiden. Petersilie und Minze waschen, trocken tupfen und fein hacken. Den Feta in Würfel schneiden.

3 Für das Dressing in einer kleinen Schüssel Öl, Zitronensaft und Tahin gründlich verrühren. Den Knoblauch schälen und dazupressen. Zuletzt alles mit Kreuzkümmel, Salz und Pfeffer würzen. Alle Zutaten zum Kichererbsen-Couscous in die Salatschüssel geben, das Dressing über dem Salat verteilen und untermischen.

4 Zum Servieren den Salat nochmals mit Salz, Pfeffer und Zitronensaft abschmecken, auf Tellern anrichten und mit den gerösteten Kürbiskernen bestreuen.

+ *Der Kichererbsen-Couscous hat drei klare Vorteile gegenüber seinem Namensvetter aus Weizen: Mit der Basis aus Hülsenfrüchten liefert er deutlich mehr Protein und weniger Kohlenhydrate. Mit dem Feta on top wird der Salat sogar zu einer echten Eiweißbombe. Das ist entscheidend, wenn man den Fettdepots rund um die inneren Organe zu Leibe rücken will. Zudem ist Couscous aus Kichererbsen glutenfrei.*

QUINOASALAT MIT LINSEN UND BROKKOLI

FÜR 2 PERSONEN | 30 MIN. ZUBEREITUNG
PRO PORTION: CA. 680 KCAL | 31 G EW | 35 G F | 53 G KH

1 Die Quinoa in einem Sieb heiß abbrausen, dann in einem Topf mit 200 ml leicht gesalzenem Wasser zugedeckt bei kleiner Hitze in ca. 20 Min. weich garen.

2 Die Linsen in einem Sieb abbrausen und in einem weiteren Topf in ca. 300 ml Wasser (ohne Salz!) zugedeckt bei kleiner Hitze in ca. 25 Min. weich garen. Danach das restliche Wasser abgießen.

3 Währenddessen den Brokkoli putzen, waschen und in Röschen teilen (ggf. blanchieren, s. Tipp S. 56). In einer Pfanne 1 TL Öl erhitzen und den Brokkoli darin bei kleiner Hitze unter Wenden ca. 10 Min. anbraten.

4 Inzwischen die Eier in ca. 7 Min. wachsweich kochen. Danach kalt abschrecken, pellen und längs vierteln. Die Möhre schälen und auf der Gemüsereibe grob raspeln.

5 Für das Dressing das restliche Öl mit Essig und Mandelmus in einen hohen Rührbecher geben und alles mit dem Pürierstab zügig zu einer Creme pürieren, mit Kräutersalz und Pfeffer würzen.

6 Zum Servieren Quinoa, Linsen, Brokkoli und Möhre in einer Salatschüssel mischen und kurz abkühlen lassen. Das Dressing dazugeben und gleichmäßig untermischen. Den Salat am besten noch warm auf Tellern anrichten und mit Ei und Schnittlauch garnieren.

80 g Quinoa
Salz
100 g getr. grüne Linsen
1 Brokkoli (ca. 300 g)
2 EL Rapsöl
2 Bio-Eier (M)
1 Möhre
2 EL Aceto balsamico bianco
1 EL helles Mandelmus
Kräutersalz, Pfeffer
10 g Schnittlauchröllchen (frisch oder TK)

+ *Quinoa ist ein sogenanntes Pseudogetreide und lässt sich in vielen Rezepten statt Reis einsetzen. Der Vorteil: Quinoa enthält kaum schnelle Kohlenhydrate, dafür reichlich Ballaststoffe und Pflanzeneiweiß – das sättigt lange und hält unseren Blutzucker stabil. Die Bitterstoffe in den Körnern bremsen zudem den Hunger und schützen damit vor Bauchfett.*

RATATOUILLE-SALAT MIT PARMESAN

FÜR 2 PERSONEN | 35 MIN. ZUBEREITUNG
PRO PORTION: CA. 270 KCAL | 10 G EW | 20 G F | 11 G KH

1 Zwiebel
2 Knoblauchzehen
je 1 rote und gelbe Paprika
1 kleine Aubergine (ca. 250 g)
1 Zucchino (ca. 200 g)
3 EL Olivenöl
1 TL getr. Oregano
1 TL getr. Thymian
1 TL getr. Basilikum
100 g Kirschtomaten
1 EL Aceto balsamico
Salz, Pfeffer
30 g Parmesan (am Stück)

1 Zwiebel und Knoblauch schälen und in feine Würfel schneiden. Die Paprikaschoten waschen, längs halbieren, weiße Trennwände und Kerne entfernen, die Hälften in mundgerechte Stücke schneiden. Aubergine und Zucchino putzen, waschen und in mundgerechte Stücke schneiden.

2 In einer Pfanne 1 EL Öl erhitzen und Zwiebel und Knoblauch darin bei mittlerer Hitze 2–3 Min. andünsten. Die Paprika dazugeben und alles zugedeckt bei mittlerer Hitze 5–6 Min. dünsten. Die Paprika mit Oregano würzen, herausnehmen und in einer Schüssel abkühlen lassen.

3 Wieder 1 EL Öl in der Pfanne erhitzen und die Auberginenwürfel darin bei mittlerer Hitze ca. 6 Min. andünsten. Mit Thymian würzen, herausnehmen und zur Paprika geben.

4 Das übrige Öl in der Pfanne erhitzen und die Zucchini darin ca. 3 Min. andünsten. Mit Basilikum würzen und zu Paprika und Aubergine geben. Tomaten waschen, vierteln und ebenfalls zu dem Gemüse hinzufügen.

5 Den Ratatouillesalat mit Essig, Salz und Pfeffer abschmecken und kurz abkühlen lassen. Zum Servieren den Parmesan mit dem Sparschäler in Späne hobeln und über dem Salat verteilen.

+ *Viel buntes Gemüse auf dem Teller – das garantiert eine ordentliche Portion komplexe Kohlenhydrate und Ballaststoffe. Somit ist schon ein wichtiger Schritt auf dem Weg zu weniger Bauchfett getan. Noch eiweißreicher wird der Salat, wenn man dazu ein Stück gebratenen Lachs (ca. 100 g, mit ca. 200 kcal, 20 g EW, 14 g F, 0 g KH) oder Hähnchenbrustfilet (ca. 100 g, mit ca. 145 kcal, 22 g EW, 6 g F, 0 g KH) isst. Wer sich pflanzenbasiert ernähren möchte, kann 150 g weiße Bohnen (aus Glas oder Dose) ergänzen (mit ca. 180 kcal, 14 g EW, 1 g F, 37 g KH).*

SOMMERROLLEN MIT ERDNUSSDIP

FÜR 2 PERSONEN | 30 MIN. ZUBEREITUNG
PRO PORTION: CA. 405 KCAL | 12 G EW | 12 G F | 54 G KH

Für die Sommerrollen:
50 g TK-Edamame
(ersatzweise aus der Dose)
20 g Reis-Vermicelli
1 Möhre
½ Salatgurke
½ rote Paprika
1 Handvoll Minzblätter
1 Handvoll Korianderblätter
6 runde Reispapierblätter
(Ø ca. 15 cm; Asienladen)

Für den Dip:
1 Stück Ingwer (3 cm lang)
2 EL Erdnussmus
1 EL glutenfreie Sojasauce
1 EL Ahornsirup
Saft von ½ Limette

1 Für die Sommerrollen die Edamame rechtzeitig in einem Sieb auftauen lassen (alternativ in einem Topf in kochendem Wasser ca. 2 Min. köcheln lassen, in ein Sieb abgießen und abtropfen lassen).

2 Die Reis-Vermicelli in eine kleine Schüssel geben, mit kochend heißem Wasser übergießen und ca. 5 Min. quellen lassen. Anschließend in ein Sieb abgießen, kalt abbrausen und abtropfen lassen.

3 Möhre und Gurke putzen, schälen bzw. waschen und in dünne Streifen schneiden. Paprika waschen, halbieren, weiße Trennwände und Kerne entfernen und die Hälften ebenfalls in dünne Streifen schneiden. Minze und Koriander waschen, trocken tupfen und fein hacken.

4 Für den Dip den Ingwer schälen, fein hacken und mit den übrigen Dipzutaten sowie 1–2 EL kaltem Wasser glatt verrühren.

5 Nacheinander je 1 Blatt Reispapier in einer flachen Schale mit kaltem Wasser ca. 30 Sek. einweichen, sodass es weich und biegsam ist. Danach auf einen Teller legen, jeweils ein Sechstel der Zutaten in der Mitte des Reispapiers verteilen und 1 TL Dip darüberträufeln. Die Seiten des Reispapiers etwas über die Füllung schlagen und das Reispapier kompakt aufrollen. Die Sommerrollen mit dem übrigen Erdnussdip servieren.

Die leichten Rollen aus der vietnamesischen Küche zählen zu meinen Lieblingsgerichten. Ihr Plus: Dank der Reisnudeln und Reispapierblätter ist es ein glutenfreier Asia-Genuss. Reisnudeln gibt es inzwischen auch in der Vollkornvariante – sie enthält noch die wertvollen Randschichten der Reiskörner und ist damit ballaststoffreicher. Auch liegen dort die B-Vitamine, die für Stoffwechsel, Nervensystem und Gehirn nötig sind.

VEGGIE-WRAPS MIT BOHNENCREME

FÜR 2 PERSONEN | 25 MIN. ZUBEREITUNG
PRO PORTION: CA. 610 KCAL | 55 G EW | 29 G F | 29 G KH

Für die Wraps:
50 g gemahlene Mandeln
50 g Magerquark
1 Prise Salz
2 Bio-Eier (M)
30 g Gouda (30 % Fett i. Tr.)
1 EL heller Sesam (ersatzweise Goldleinsamen, nach Belieben)
1 EL Rapsöl

Für die Füllung:
100 g TK-Edamame (ersatzweise aus der Dose)
100 g Kirschtomaten
100 g Salatgurke
1 Dose weiße Bohnen (240 g Abtropfgewicht)
2 Datteln (entsteint)
Saft von ½ Zitrone
1 TL Currypulver, Salz
1 Msp. Cayennepfeffer

1 Für die Wraps alle Zutaten – bis auf das Öl – in einer Rührschüssel gut verrühren. Nach Belieben den Sesam unterkneten. In einer beschichteten Pfanne je ½ EL Öl erhitzen und die Hälfte des Teiges darin zu einem flachen Fladen ausstreichen. Bei mittlerer Hitze auf jeder Seite 2–3 Min. ausbacken. Herausnehmen und abkühlen lassen.

2 Für die Füllung die Edamame rechtzeitig in einem Sieb auftauen lassen (alternativ in einem Topf in kochendem Wasser ca. 2 Min. köcheln lassen, in ein Sieb abgießen und abtropfen lassen). Tomaten waschen und halbieren oder vierteln. Gurke putzen, waschen und klein würfeln.

3 Für die Creme die Bohnen in einem Sieb abbrausen und gut abtropfen lassen. Dann mit Datteln, Zitronensaft und Curry im Blitzhacker feincremig pürieren und alles mit Salz und Cayennepfeffer abschmecken.

4 Zum Servieren die Wraps gleichmäßig mit der Bohnencreme bestreichen und mit Edamame, Tomate und Gurke belegen. Die Außenseiten des Wraps nach innen klappen und die Wraps kompakt aufrollen.

Wenn es schnell gehen soll, können Sie die bunte Gemüsefüllung auch in gekaufte Tortilla-Fladen wickeln. Bei den selbst gemachten Wraps wissen Sie aber, was drinnen ist. Achten Sie vor allem auf die Mehlsorte – Dinkelmehl ist empfehlenswerter als Weizenmehl, weil es in unserem Stoffwechsel nicht entzündlich wirkt und mehr sättigendes Protein enthält. Außerdem vertragen die meisten Menschen Dinkel besser als Weizen.

SCHARFER GARNELEN-AVOCADO-SALAT

FÜR 2 PERSONEN | 25 MIN. ZUBEREITUNG
PRO PORTION: CA. 480 KCAL | 29 G EW | 37 G F | 7 G KH

Für den Salat:
125 g Feldsalat
1 Avocado (ca. 180 g)
1 EL Zitronensaft
150 g Kirschtomaten
Salz, Pfeffer
2 Knoblauchzehen
½ rote Chilischote
250 g Garnelen (frisch oder TK)
1 EL Rapsöl

Für das Dressing:
3 EL Orangensaft
1 TL flüssiger Honig
1 EL Olivenöl
1 EL Aceto balsamico bianco
1 TL Sambal Oelek
2 EL Frischkäse (16 % Fett)
Salz, Pfeffer

1 Für den Salat den Feldsalat verlesen, waschen, trocken schütteln und auf Teller verteilen. Die Avocado halbieren, entkernen und das Fruchtfleisch aus den Schalen lösen. Die Avocadohälften in Spalten schneiden und sofort mit Zitronensaft beträufeln, damit sich die Avocadostücke nicht bräunlich verfärben. Die Tomaten waschen und vierteln.

2 Für das Dressing Orangensaft, Honig, Öl, Essig, Sambal Oelek und Frischkäse in einer kleinen Schüssel gründlich verrühren und mit Salz und Pfeffer abschmecken.

3 Den Knoblauch schälen und fein würfeln. Die Chilischote waschen, längs halbieren, weiße Trennwände und Kerne entfernen, die Chili fein hacken. Die Garnelen waschen und trocken tupfen (TK-Ware rechtzeitig auftauen lassen und die Auftauflüssigkeit abgießen).

4 Das Öl in einer Pfanne erhitzen und die Garnelen darin bei mittlerer bis großer Hitze auf jeder Seite ca. 2 Min. anbraten. Knoblauch und Chili dazugeben und alles bei kleiner Hitze noch ca. 2 Min. garen. Die Garnelen mit Salz würzen und mit Avocado und Tomaten neben den Feldsalat setzen. Zum Servieren mit dem Dressing beträufeln.

+ ***Das Bauchfett zu reduzieren, bedeutet im Prinzip dreierlei: die tägliche Fettmenge bewusst gestalten, dabei die Fettqualität beachten und vor allem auf pflanzliche Fettträger setzen – wie hier die Avocado. Die grünen »Butterbirnen« sind reich an ungesättigten Fettsäuren und somit effektive Helfer einer antientzündlichen Anti-Bauchfett-Ernährung. Sie wirken sich auch positiv auf die Cholesterinwerte aus und sättigen uns ausreichend bis zur nächsten Hauptmahlzeit.***

RÄUCHERFORELLE MIT LINSEN

FÜR 2 PERSONEN | 35 MIN. ZUBEREITUNG
PRO PORTION: CA. 390 KCAL | 29 G EW | 19 G F | 25 G KH

1 TL glutenfreie Gemüsebrühe (Instant)
80 g getr. Beluga-Linsen
2 Chicorée
2 Frühlingszwiebeln
100 g Kirschtomaten
150 g geräuchertes Forellenfilet
½ Bund Dill
2 EL Weißweinessig
1 TL mittelscharfer Senf
3 EL Olivenöl
Salz, Pfeffer

1 In einem Topf 400 ml Wasser mit der Brühe aufkochen. Die Linsen in einem Sieb abbrausen und in der Brühe zugedeckt bei kleiner Hitze in ca. 30 Min. weich garen. Anschließend die Linsen in ein Sieb abgießen, abtropfen lassen und in einer Schüssel bis zur weiteren Verarbeitung abkühlen lassen.

2 Inzwischen den Chicorée halbieren und den Strunk herausschneiden, die Blätter waschen, trocken schütteln und in fingerdicke Streifen schneiden. Die Frühlingszwiebeln putzen, waschen und schräg in dünne Ringe schneiden. Die Tomaten waschen und vierteln. Den Fisch mit einer Gabel in mundgerechte Stücke zupfen. Den Dill waschen, trocken tupfen, die Spitzen abzupfen und fein hacken.

3 Für die Vinaigrette Essig, Senf und Öl in einer kleinen Schüssel gründlich verrühren und mit Salz und Pfeffer abschmecken.

4 Chicoréestreifen, Frühlingszwiebeln und Tomaten in einer großen Schüssel mischen und auf Tellern anrichten. Die Linsen darauf verteilen und die Forellenstücke auf den Salat setzen. Alles mit Dill bestreuen und mit der Vinaigrette beträufeln.

+ ***Hülsenfrüchte sind aufgrund ihres hohen Eiweißgehalts und Ballaststoffanteils die idealen Sattmacher und schützen uns so vor Heißhungerattacken und Bauchfett. Auch ihr Gehalt an Vitaminen ist hoch, besonders der an Vitamin B1 und B2 sowie an Folsäure. Bei den Mineralstoffen sind vor allem Kalium, Magnesium und Eisen zu nennen. Mit diesen »kleinen Schätzen« auf dem Teller können Sie eine Gewichtsabnahme hervorragend unterstützen.***

SARDELLEN-LINSEN-AUFSTRICH MIT BROT

FÜR 2 PERSONEN | 10 MIN. ZUBEREITUNG
PRO PORTION: CA. 340 KCAL | 14 G EW | 12 G F | 41 G KH

1 Knoblauch und Schalotte schälen und in feine Würfel schneiden. Die Sardellenfilets etwas abtropfen lassen und klein schneiden. Die Petersilie waschen, trocken tupfen und fein hacken. Die Brokkolisprossen in einem Sieb gründlich abbrausen und gut abtropfen lassen.

2 Die braunen Linsen in einem Sieb abbrausen und abtropfen lassen. Dann mit Knoblauch, Schalotte, Sardellenfilets und Petersilie in einen hohen Rührbecher geben und alles mit dem Pürierstab fein pürieren. Zuletzt den Aufstrich mit Zitronensaft und -schale, Olivenöl, Oregano und Pfeffer abschmecken.

3 Zum Servieren die Vollkornbrotscheiben auf Tellern anrichten, mit dem Sardellen-Linsen-Aufstrich bestreichen und mit den Brokkolisprossen garnieren. Der Aufstrich hält sich im Kühlschrank ca. 5 Tage.

1 kleine Knoblauchzehe
1 Schalotte
4 Sardellenfilets (in Öl eingelegt)
1 Handvoll Petersilienblätter
10 g Brokkolisprossen
60 g braune Linsen (aus der Dose)
1 EL Zitronensaft
1 TL abgeriebene Bio-Zitronenschale
1 EL Olivenöl
½ TL getr. Oregano
Pfeffer
2 Scheiben Vollkornbrot (à ca. 50 g)

\+ *Ein Aufstrich mit Pep: Sprossen, Linsen und Sardellen – jedes Lebensmittel liefert hier hochwertige Vitalstoffe! So sind Sprossen reich an Kalzium, Phosphor, Magnesium und Eisen. Linsen punkten mit reichlich Pflanzeneiweiß, Ballaststoffen, Eisen und sekundären Pflanzenstoffen. Sardellen liefern gesunde Omega-3-Fettsäuren. Achtung: Da Sardellen sehr salzig sind, kommt kein zusätzliches Salz in den Aufstrich!*

FENCHELGEMÜSE MIT RÄUCHERLACHS

FÜR 2 PERSONEN | 30 MIN. ZUBEREITUNG | 3 STD. ZIEHEN
PRO PORTION: CA. 455 KCAL | 30 G EW | 35 G F | 5 G KH

3–4 Fenchelknollen (ca. 300 g)
1 Knoblauchzehe
1 EL Rapsöl
Salz
4–5 Scheiben geräucherter Lachs (ca. 200 g)
1 TL Meerrettich (aus dem Glas)
1 EL Aceto balsamico bianco
2 EL Olivenöl
Pfeffer
2 EL gehackter Dill (frisch oder TK)

1. Die Fenchelknollen halbieren und jeweils den Strunk entfernen. Die Fenchelhälften putzen, waschen und in feine Scheiben schneiden. Den Knoblauch schälen und fein würfeln. Fenchelscheiben und Knoblauch in einer Pfanne im Rapsöl bei mittlerer Hitze 10–12 Min. dünsten. Anschließend in eine flache Form geben, leicht mit Salz würzen und etwas abkühlen lassen. Den Lachs in dünne Streifen schneiden.

2. Für das Dressing Meerrettich und Essig mit einer Gabel in einer Schüssel verquirlen, dann das Olivenöl unterrühren. Das Dressing mit Pfeffer abschmecken.

3. Die Lachsstreifen auf dem Fenchelgemüse verteilen, alles mit dem Dressing beträufeln und mit Dill bestreuen. Vor dem Servieren im Kühlschrank noch 2–3 Std. durchziehen lassen.

+ ***Omega-3-Fettsäuren haben einen positiven Effekt auf den Cholesterinspiegel, das Immunsystem und den Blutzucker. Sie wirken außerdem antientzündlich und sind daher wichtig für alle, die keine unnötigen Fettdepots anlegen möchten. Besonders reich an den wertvollen Fettsäuren sind fette Meeresfischsorten wie Lachs, Hering oder Makrele. Bei den pflanzlichen Lebensmitteln punkten Walnüsse, Leinsamen und Chia-Samen oder hochwertige, kalt gepresste Öle (Leinöl, Walnussöl, Rapsöl) mit nennenswerten Mengen an Omega-3-Fettsäuren. Grundsätzlich gilt, dass gute Pflanzenöle und Fischöle helfen können, das Bauchfett zu reduzieren. Sie haben sich auch als wirksam gegen eine Fettleber erwiesen.***

RÖMERSALAT MIT RÄUCHERMAKRELE

FÜR 2 PERSONEN | 10 MIN. ZUBEREITUNG
PRO PORTION: CA. 520 KCAL | 15 G EW | 39 G F | 28 G KH

150 g Römersalat
60 g geräucherte Makrele
100 g säuerlicher Apfel
1 EL Zitronensaft
20 g Haselnusskerne
30 g Blauschimmelkäse
3 EL Milch (3,5 % Fett)
2 EL Olivenöl
Salz, Pfeffer
2 Scheiben Ciabatta (à ca. 40 g)

1 Den Strunk vom Römersalat entfernen, die Blätter ablösen, waschen und trocken tupfen. Die geräucherte Makrele in einen tiefen Teller geben und mit einer Gabel vorsichtig zerkleinern.

2 Den Apfel schälen, vierteln und entkernen, die Apfelviertel in kleine Würfel schneiden. Sofort mit dem Zitronensaft beträufeln, damit sie sich nicht bräunlich verfärben. Die Haselnüsse grob hacken.

3 Für das Dressing den Blauschimmelkäse in eine Schüssel geben und mit einer Gabel zerdrücken. Milch und 1 ½ EL Öl dazugeben, alles glatt verrühren und mit Salz und Pfeffer abschmecken.

4 Für die Croûtons die Brotscheiben in Würfel schneiden und in einer kleinen Pfanne im übrigen Öl rundum knusprig rösten.

5 Zum Servieren Römersalat, Makrele, Apfel und Haselnüsse in eine Salatschüssel geben, mit dem Dressing beträufeln und alles gut mischen. Den Salat auf Tellern anrichten und mit den Croûtons garnieren.

+ ***Makrelen liefern wertvolle Omega-3-Fettsäuren und schützen damit vor erhöhtem Cholesterin sowie Gefäßverengungen und halten unser Herz gesund. Außerdem sind Makrelen gute tierische Eiweißlieferanten und bieten reichlich B-Vitamine. Gesunde Fette und hochwertiges Eiweiß sind potente Helfer im Kampf gegen die Fettdepots rund um die Körpermitte.***

KRABBENSALAT MIT RUCOLA

FÜR 2 PERSONEN | 15 MIN. ZUBEREITUNG | 10 MIN. KÜHLEN
PRO PORTION: CA. 300 KCAL | 15 G EW | 18 G F | 21 G KH

100 g gegarte Krabben (gepult)
150 g Galia-Melone (ersatzweise Honigmelone)
150 g Cantaloupe-Melone (ersatzweise Wassermelone)
60 g Rucola
20 g Walnusskerne
1 Handvoll Dill
1 EL Rapsöl
2 EL Zitronensaft
1 EL Ahornsirup
1 Msp. Chilipulver
Salz, Pfeffer

1 Die Krabben in einem Sieb abbrausen und gut abtropfen lassen. Das Fruchtfleisch der beiden Melonen in kleine Würfel schneiden oder mit einem Kugelausstecher zu kleinen Kugeln formen. Den Rucola verlesen, waschen und trocken tupfen, dabei grobe Stiele entfernen. Die Walnusskerne grob hacken. Den Dill waschen, trocken tupfen, die Spitzen abzupfen und fein hacken.

2 Für das Dressing Öl, Zitronensaft und Ahornsirup in einer Salatschüssel gut verrühren und mit Chilipulver, Salz und Pfeffer abschmecken. Krabben, Melone, Rucola und Walnusskerne dazugeben und mit dem Dressing gut mischen.

3 Zum Servieren den Krabbensalat auf Tellern anrichten und mit dem gehackten Dill garnieren.

Das herb-würzige Aroma von Rucola ist auf seinen hohen Gehalt an Glucosinolaten (Senfölen) zurückzuführen. Diese sekundären Pflanzenstoffe gehören zu den Bitterstoffen und fördern die Verdauung sowie den Fettstoffwechsel. Zudem verstärken die bitteren Substanzen unser Sättigungsgefühl und unterstützen die Blutzuckerwirkung des Insulins. Außerdem scheinen sie gegen Krebs zu wirken. Wer Leber und Galle etwas Gutes tun und damit Bauchfett verhindern oder bekämpfen möchte, sollte mehrmals pro Woche Bitterstoffe zu sich nehmen – das geht neben Rucola auch über Artischocken, Löwenzahn, Radicchio und Chicorée.

ROTE-BETE-CARPACCIO MIT WACHOLDERSCHINKEN

FÜR 2 PERSONEN | 10 MIN. ZUBEREITUNG
PRO PORTION: CA. 360 KCAL | 10 G EW | 20 G F | 32 G KH

300 g gegarte Rote Bete (vakuumverpackt)
1 rote Zwiebel
1 EL Kapern
1 Handvoll Petersilienblätter
1 kleines Beet Kresse
40 g Postelein (ersatzweise Feldsalat)
20 g Walnusskerne
30 g Wacholderschinken (in dünnen Scheiben; ersatzweise Kochschinken)
2 EL Zitronensaft
1 TL Ahornsirup
1 EL Walnussöl (ersatzweise Olivenöl)
2 EL saure Sahne
Salz, Pfeffer

1 Die Rote Bete in dünne Scheiben schneiden (Achtung, färbt stark ab!) und auf Tellern fächerartig auslegen. Die Zwiebel schälen und in feine Ringe schneiden. Die Kapern grob hacken. Die Petersilie waschen, trocken tupfen und grob hacken. Die Kresse vom Beet abschneiden, waschen und trocken tupfen. Den Postelein verlesen, waschen und trocken tupfen. Die Walnüsse grob hacken. Den Wacholderschinken in feine Streifen schneiden.

2 Für das Dressing Zitronensaft, Ahornsirup, Walnussöl und saure Sahne in einer Salatschüssel gut verrühren und mit Salz und Pfeffer abschmecken. Zwiebel, Kapern, Petersilie, Kresse, Postelein und Wacholderschinken ebenfalls dazugeben und alles gut mischen.

3 Zum Servieren den Posteleinsalat auf dem Rote-Bete-Carpaccio verteilen und alles mit gehackten Walnüssen garnieren.

+ ***Falls Postelein gerade keine Saison hat, können Sie stattdessen auch Feldsalat nehmen. Beide Salatsorten überzeugen durch ihren antibakteriellen und entzündungshemmenden Effekt, helfen auch bei Magen-Darm-Beschwerden sowie Sodbrennen, das bei viel Bauchfett häufig auftritt. Die Senföle in Kresse und Postelein wirken sich positiv auf Entzündungsprozesse aus, die von einem Übermaß an Bauchfett angefeuert werden.***

ROASTBEEF-RÖLLCHEN MIT ASIA-GEMÜSE

FÜR 2 PERSONEN | 20 MIN. ZUBEREITUNG
PRO PORTION: CA. 230 KCAL | 15 G EW | 15 G F | 6 G KH

150 g grüner Spargel
60 g grüne Bohnen
Salz
50 g Feldsalat
20 g Radieschensprossen
2 EL Kresse
2 EL glutenfreie Sojasauce
1 EL Limettensaft
1 EL geröstetes Sesamöl
1 TL heller Sesam
1 Msp. Chilipulver
Pfeffer
4 Scheiben Roastbeef (ca. 80 g; ersatzweise Rinderbraten)

1. Den Spargel waschen, im unteren Drittel schälen und die hölzernen Enden abschneiden. Die Bohnen putzen und waschen (ggf. blanchieren, s. Tipp S. 56). Den Spargel in einem großen Topf in kochendem Salzwasser ca. 8 Min. garen, in ein Sieb abgießen, kalt abschrecken und abtropfen lassen. Dann die Bohnen darin ca. 4 Min. garen, in ein Sieb abgießen, eiskalt abschrecken und abtropfen lassen.

2. Währenddessen den Feldsalat verlesen, waschen und trocken tupfen, dabei grobe Stiele entfernen. Sprossen und Kresse in einem Sieb gründlich abbrausen und trocken tupfen.

3. Für das Dressing Sojasauce, Limettensaft, Sesamöl und Sesam in einer kleinen Schüssel verrühren und mit Chili, Salz und Pfeffer würzen.

4. Die Roastbeef-Scheiben mit etwas Abstand nebeneinander auf ein großes Arbeitsbrett legen. Jeweils ein Viertel von Bohnen und Spargelstangen quer auf die Scheiben legen und darin kompakt einwickeln.

5. Zum Servieren den Feldsalat auf Teller verteilen, mit je zwei Roastbeef-Röllchen belegen und alles mit dem Dressing beträufeln. Zuletzt mit Sprossen und Kresse garnieren.

+ *Grüner Spargel liefert Vitamin C und Folsäure, außerdem sekundäre Pflanzenstoffe wie Carotinoide und schwefelhaltige Sulfide. Letztere wirken antibakteriell und krebshemmend. Kresse, Sprossen und Feldsalat enthalten außerdem reichlich bittere Substanzen, die uns schneller satt fühlen lassen – ein bewährter Trick im Kampf gegen das ungünstige Fett in der Körpermitte.*

FRUCHTIGER CHINAKOHL-SALAT MIT EI

FÜR 2 PERSONEN | 25 MIN. ZUBEREITUNG
PRO PORTION: CA. 305 KCAL | 25 G EW | 16 G F | 14 G KH

1 Die Eier in kochendem Wasser in 8–10 Min. hart kochen. Herausnehmen, kalt abschrecken, pellen und abkühlen lassen. Den Chinakohl waschen und den Strunk entfernen, die Blätter waschen, trocken schütteln und in Streifen schneiden. Den Schinken klein würfeln. Den Apfel waschen, vierteln, entkernen und in dünne Spalten schneiden. Die Mandarine schälen, putzen und in grobe Stücke schneiden.

2 Für das Dressing saure Sahne, Zitronensaft und Honig verrühren, salzen und pfeffern. Die Eier in Scheiben schneiden. Chinakohl, Schinken, Apfel, Mandarine, Petersilie und Schnittlauch mischen. Zum Servieren Dressing und Eier unterheben und den Salat auf Tellern anrichten.

+ ***Kochschinken punktet mit Eiweiß und ist im Verhältnis eine fettarme und kalorienarme Wurstsorte. Aufgrund der enthaltenen Pökelsalze sollte aber auch er nur in geringen Mengen genossen werden. Wer will, kann einen Teil des Schinkens durch ein weiteres Ei ersetzen.***

3 Bio-Eier (M)
½ Chinakohl (400–450 g)
100 g Kochschinken (am Stück)
1 säuerlicher Apfel (z. B. Elstar)
1 Mandarine
100 g saure Sahne
1 EL Zitronensaft
1 TL flüssiger Honig
Salz, Pfeffer
3 EL gehackte Petersilie
1 EL Schnittlauchröllchen

AVOCADOSALAT MIT HÄHNCHEN

FÜR 2 PERSONEN | 25 MIN. ZUBEREITUNG
PRO PORTION: CA. 565 KCAL | 31 G EW | 42 G F | 14 G KH

1 Das Fleisch in Streifen schneiden. Knoblauch schälen und fein würfeln. Je 1 TL Honig und Senf, übriges Öl, Knoblauch, Salz und Pfeffer mischen und das Fleisch darin kühl marinieren. Für das Dressing Essig, Öl, 2 EL Orangensaft, übrigen Senf und Honig, Salz und Pfeffer verrühren. Salat putzen, halbieren, den Strunk entfernen und die Blätter zerteilen. Radicchio waschen, trocken schütteln und in Streifen schneiden. Mango schälen und würfeln. Radicchio, Mango und Dressing mischen.

2 Avocado halbieren, entkernen, schälen und würfeln, mit übrigem Orangensaft beträufeln, salzen und pfeffern. Hähnchen aus der Marinade nehmen und in einer beschichteten Pfanne ohne Fett bei großer Hitze ca. 3 Min. anbraten. Dann bei kleiner Hitze ca. 4 Min. fertig garen. Radicchio-Mango-Salat mit Avocado und Hähnchen anrichten.

250 g Hähnchenbrustfilet
1 Knoblauchzehe
2 TL flüssiger Honig
2 TL mittelscharfer Senf
2 ½ EL Olivenöl
Salz, Pfeffer
1 EL Aceto balsamico bianco
2 ½ EL Orangensaft
1 kleiner Radicchio (ca. 300 g)
½ Mango
1 Avocado

+ ***Mango in kleinen Mengen ist okay, auch wenn sie viel Fruktose liefert. Aber sie enthält ebenso Vitamin C und Mangiferin, das antioxidativ wirkt.***

ARTISCHOCKENSALAT MIT HÄHNCHEN

FÜR 2 PERSONEN | 15 MIN. ZUBEREITUNG
PRO PORTION: CA. 360 KCAL | 23 G EW | 23 G F | 15 G KH

1 Knoblauchzehe
Salz
1 Zweig Rosmarin
1 TL abgeriebene Bio-Zitronenschale
1 Lorbeerblatt
150 g Hähnchenbrustfilet
2 EL Mandelblättchen
150 g braune Champignons
200 g Artischockenherzen (aus dem Glas)
60 g Rucola
1 EL Dijonsenf
2 EL Weißweinessig
2 EL Olivenöl
1 EL Ahornsirup
Pfeffer

1 Den Knoblauch schälen und mit einem Messer andrücken. In einem Topf ausreichend leicht gesalzenes Wasser mit Knoblauch, Rosmarin, Zitronenschale und Lorbeerblatt ca. 2 Min. aufkochen und das Hähnchenbrustfilet darin ca. 10 Min. garen. Anschließend herausnehmen, trocken tupfen und mit einer Gabel zerzupfen (wie für »Pulled Chicken«).

2 Inzwischen die Mandelblättchen in einer kleinen beschichteten Pfanne ohne Fett hell rösten, herausnehmen und abkühlen lassen. Die Pilze putzen, bei Bedarf mit einem Tuch abreiben und in dünne Scheiben schneiden. Dann ebenfalls in der Pfanne ohne Fett ca. 4 Min. anrösten, herausnehmen und beiseitestellen. Die Artischocken abtropfen lassen und klein schneiden. Den Rucola verlesen, waschen und trocken tupfen. Alle Zutaten mit dem gezupften Hähnchen in eine Salatschüssel geben.

3 Für die Vinaigrette Senf, Essig, Öl und Ahornsirup glatt rühren und mit Salz und Pfeffer abschmecken. Die Vinaigrette über die Salatzutaten geben und locker untermischen. Den Salat noch ca. 5 Min. ziehen lassen, dann auf Tellern anrichten.

+ ***Artischocken liefern reichlich Bitterstoffe wie beispielsweise Cynarin. Diese herben Substanzen kurbeln die Verdauung an und entlasten unsere Leber. Das ist hilfreich im Kampf gegen Bauchfett, denn die bitteren Substanzen unterstützen die Fettverbrennung und verstärken die Sättigung.***
Für eine vegetarische Variante statt Hähnchenbrust die gleiche Menge (150 g) geräucherten Tofu nehmen, einfach in Streifen geschnitten in einer Pfanne in 1 EL Olivenöl anbraten und zum Salat geben! Statt Rucola kann auch gerne Feldsalat verwendet werden.

FELDSALAT MIT PUTENSTREIFEN

FÜR 2 PERSONEN | 20 MIN. ZUBEREITUNG
PRO PORTION: CA. 515 KCAL | 29 G EW | 36 G F | 19 G KH

1 EL Dijonsenf
2 ½ TL Olivenöl
1 TL flüssiger Honig
½ TL Currypulver
Salz, Pfeffer
150 g Putenbrustfilet
60 g Feldsalat
1 Schalotte
100 g braune Champignons
100 g säuerlicher Apfel
20 g Haselnusskerne
2 EL Aceto balsamico
100 g körniger Frischkäse (Hüttenkäse)

1 In einer kleinen Schüssel 1 TL Senf, 1 TL Öl, Honig, Curry, Salz und Pfeffer verrühren und das Putenbrustfilet damit rundum bestreichen. Danach das Fleisch in einer Pfanne bei mittlerer Hitze auf jeder Seite ca. 4 Min. anbraten, in Alufolie wickeln und wenige Min. ruhen lassen.

2 Währenddessen den Feldsalat verlesen, waschen und trocken tupfen, dabei grobe Stiele entfernen. Die Schalotte schälen und in feine Ringe schneiden. Die Pilze putzen, bei Bedarf mit einem Tuch abreiben und in dünne Scheiben schneiden. Den Apfel waschen, vierteln, entkernen und in kleine Würfel schneiden.

3 Die Haselnüsse in einer kleinen beschichteten Pfanne ohne Fett hell rösten, herausnehmen und kurz abkühlen lassen, dann grob hacken. Die Pilze ebenfalls in der Pfanne ohne Fett ca. 3 Min. anrösten, herausnehmen und abkühlen lassen.

4 Feldsalat, Schalotte, Pilze und Apfel in eine Salatschüssel geben und gut mischen. Für die Vinaigrette übrigen Senf, Essig und restliches Öl in einer kleinen Schüssel verrühren und mit Salz und Pfeffer abschmecken.

5 Zum Servieren das Putenbrustfilet in fingerdicke Scheiben schneiden. Den Feldsalat mit den Putenbruststreifen auf Tellern anrichten, mit der Vinaigrette beträufeln und mit Hüttenkäse und Haselnüssen garnieren.

+ *Fleisch von Hähnchen und Pute ist ein fettarmer Eiweißlieferant – sofern es ohne die Haut zubereitet und verzehrt wird. Auch wenn eine ausreichende Proteinaufnahme im Kampf gegen Bauchfett wirksam ist, sollte man nicht mehr als zwei Portionen Fleisch (à ca. 150 g) pro Woche essen. Und zudem auf die Tierhaltung achten, das heißt, Fleisch aus artgerechter Tierhaltung bevorzugen. Wer den Salat ohne Geflügel zubereiten möchte, erhöht den Hüttenkäse auf 200 g.*

Warme
HAUPT-
GERICHTE

ORIENTALISCHE ROTE-LINSEN-SUPPE

FÜR 2 PERSONEN | 30 MIN. ZUBEREITUNG
PRO PORTION: CA. 425 KCAL | 19 G EW | 15 G F | 50 G KH

1 Zwiebel und Knoblauch schälen und grob würfeln. Die Möhren schälen und in grobe Stücke schneiden. Die Linsen in einem Sieb abbrausen und abtropfen lassen. Die Tomaten waschen und je nach Größe halbieren oder vierteln, dabei die Stielansätze entfernen.

2 Das Öl in einer Pfanne erhitzen und Zwiebel, Knoblauch und Möhren darin so lange andünsten, bis sie goldgelb sind. Linsen, Tomaten, Tomatenmark und Gewürze dazugeben, alles unterrühren und ca. 30 Sek. mitdünsten. Die Brühe dazugießen, alles einmal aufkochen, dann zugedeckt bei kleiner Hitze ca. 20 Min. köcheln lassen.

3 Anschließend die Suppe im Topf mit dem Pürierstab fein pürieren und kräftig mit Salz, Pfeffer und Zitronensaft abschmecken. Falls die Suppe zu kompakt ist, noch etwas Brühe oder Wasser hinzufügen.

4 Zum Servieren die Minze waschen, trocken tupfen, die Blätter abzupfen und fein hacken. Die Suppe auf Schalen oder tiefe Teller verteilen und mit je 1 Msp. Chiliflocken und der Minze bestreuen. Dazu passt pro Person 1 Scheibe getoastetes Vollkorn- oder Sauerteigbrot – ggf. ist das Gericht dann aber nicht mehr glutenfrei.

1 Zwiebel
1 Knoblauchzehe
2 Möhren
100 g getr. rote Linsen
2 Tomaten
1 EL Olivenöl
1 EL Tomatenmark
1 TL gemahlener Kreuzkümmel
½ TL gemahlene Kurkuma
½ TL gemahlener Koriander
½ TL Zimtpulver
800 ml glutenfreie Gemüsebrühe
Salz, Pfeffer
Saft von ½ Zitrone
3 Stängel Minze
2 Msp. Chiliflocken

+ *Tomaten und auch der Saft aus den roten Früchten helfen laut Studien beim Abnehmen. Denn sie enthalten Lycopin, das zu den Carotinoiden zählt und für die intensive Farbe der Tomate verantwortlich ist. Der sekundäre Pflanzenstoff ist zudem antioxidativ wirksam und entzündungshemmend. Gut zu wissen: Lycopin kommt nicht nur in rohen Tomaten vor, sondern bleibt auch nach dem Erhitzen erhalten. Aus gegarten Tomaten (z. B. in Tomatenmark oder Sugo) kann der Körper Lycopin sogar besser aufnehmen.*

FENCHELSUPPE MIT CROÛTONS

FÜR 2 PERSONEN | 35 MIN. ZUBEREITUNG
PRO PORTION: CA. 600 KCAL | 18 G EW | 38 G F | 44 G KH

1 Den Fenchel putzen, waschen und samt Strunk grob würfeln. Knoblauch und Zwiebel schälen und fein würfeln. Den Parmesan grob reiben. 1 EL Öl in einem großen Topf erhitzen und Knoblauch, Zwiebel und Fenchelsamen darin ca. 5 Min. andünsten.

2 Den Fenchel und 100 ml Wasser hinzufügen und alles zugedeckt bei mittlerer Hitze ca. 10 Min. garen. Dann den Essig dazugeben, alles mit der Gemüsebrühe ablöschen und die Suppe zugedeckt noch ca. 20 Min. köcheln lassen.

3 Währenddessen die Brotscheibe klein würfeln und in einer Pfanne im restlichen Öl knusprig rösten. Vom Herd nehmen und beiseitestellen.

4 Die Bohnen in einem Sieb abbrausen und abtropfen lassen. Mit Pflanzencreme und Parmesan zum Fenchel geben. Alles nochmals kurz aufkochen, danach die Suppe im Topf mit dem Pürierstab fein pürieren. Mit Muskatnuss, Salz und Pfeffer abschmecken.

5 Zum Servieren den Thymian waschen, trocken tupfen und die Blätter abzupfen. Die Suppe auf Schalen oder tiefe Teller verteilen und mit Croûtons und Thymian garnieren.

2 Fenchelknollen (ca. 500 g)
1 Knoblauchzehe
1 Schalotte
30 g Parmesan (am Stück)
2 EL Olivenöl
1 TL Fenchelsamen
1 EL Aceto balsamico bianco
500 ml Gemüsebrühe
1 Scheibe Schwarzbrot (ca. 45 g)
200 g weiße Bohnen (aus der Dose)
100 g Hafer- oder Sojacreme
1 Msp. frisch geriebene Muskatnuss
3 Zweige Thymian
Salz, Pfeffer

+ ***»Mehr Gemüse« ist die oberste Devise für eine bauchgesunde Ernährung. Warum nicht mal diese Suppe auftischen? Fenchel ist ein leicht verdauliches Gemüse, das reichlich Vitamin C und Eisen liefert. Die hellgrüne Knolle überzeugt aber auch als Heilpflanze. Denn die ätherischen Öle (z. B. Anethol und Menthol) wirken verdauungsfördernd und helfen bei Magen-Darm-Beschwerden wie Krämpfen und Blähungen. Die Öle sind übrigens auch der Grund für den intensiven Anisgeschmack. Tipp: Das Fenchelgrün lässt sich wie Kräuter verwenden und eignet sich zum Garnieren.***

TOMATENSUPPE MIT PINIENKERNEN

FÜR 2 PERSONEN | 45 MIN. ZUBEREITUNG
PRO PORTION: CA. 450 KCAL | 20 G EW | 31 G F | 21 G KH

1 Zwiebel
1 Stück Ingwer (1,5 cm lang)
2 kleine Möhren (ca. 130 g)
400 g Tomaten
1 EL Rapsöl
300 ml glutenfreie Gemüsebrühe, 1 TL Zucker
1 TL getr. Thymian
1 Dose stückige Tomaten (200 g)
Salz, Pfeffer
75 g Kochsahne (15 % Fett)
1 EL gehacktes Basilikum
1 EL gehackte Petersilie
140 g Mini-Mozzarellakugeln
20 g geröstete Pinienkerne

1 Zwiebel und Ingwer schälen und fein würfeln. Möhren schälen und klein würfeln. Tomaten waschen und würfeln, Stielansätze entfernen. Zwiebel, Knoblauch und Ingwer in einem Topf im Öl bei kleiner Hitze ca. 2 Min. andünsten. Möhren, Tomaten und Brühe hinzufügen. Zucker, Thymian und stückige Tomaten dazugeben und alles zugedeckt bei kleiner Hitze ca. 30 Min. garen. Dabei ab und zu umrühren, salzen und pfeffern.

2 Danach die Suppe im Topf mit dem Pürierstab fein pürieren. Die Sahne gleichmäßig unterziehen und Petersilie und Basilikum dazugeben. Die Suppe auf Schalen oder tiefe Teller verteilen. Den Mozzarella abtropfen lassen und daraufsetzen, mit Pinienkernen bestreuen.

+ ***Pinienkerne sind reich an wertvollem Eiweiß und mehrfach ungesättigten Fettsäuren wie Linolsäure. Das macht die mediterranen Kernchen zu starken Helfern beim Abbau von Bauchfett.***

MÖHREN-LINSEN-SUPPE MIT SCAMPI

FÜR 2 PERSONEN | 45 MIN. ZUBEREITUNG
PRO PORTION: CA. 320 KCAL | 26 G EW | 15 G F | 21 G KH

1 Zwiebel, Knoblauch und Möhren schälen und separat grob würfeln. 1 EL Öl in einem Topf erhitzen und Zwiebel und Knoblauch darin andünsten. Die Möhren hinzufügen und ca. 2 Min. mitdünsten, die Brühe dazugießen. Alles zugedeckt bei mittlerer Hitze ca. 15 Min. garen, dann im Topf mit dem Pürierstab fein pürieren. Die Linsen in einem Sieb abbrausen und mit dem Orangensaft zur Suppe geben. Alles zugedeckt noch 15–20 Min. garen, bis die Linsen weich sind.

2 Inzwischen die Scampi waschen, trocken tupfen und in einer Pfanne im übrigen Öl auf jeder Seite 2–3 Min. anbraten, salzen und pfeffern. Die Suppe nochmals abschmecken und die Petersilie untermischen. Auf tiefe Teller verteilen, je 1 Klecks saure Sahne und die Scampi daraufsetzen.

1 Zwiebel
1 Knoblauchzehe
150 g Möhren
2 EL Rapsöl
400 ml glutenfreie Gemüsebrühe
35 g getr. rote Linsen
100 ml Orangensaft
200 g rohe Scampi (küchenfertig)
Salz, Pfeffer
1 EL gehackte Petersilie
50 g saure Sahne

+ ***Eine proteinreiche Gemüsesuppe ist ideal im Kampf gegen Bauchfett. Das Protein stammt von Krabben und Linsen, wobei Letztere als Lieferant von pflanzlichem Eiweiß immer zu bevorzugen sind.***

LAUCHSUPPE MIT PILZEN UND HACKFLEISCH

FÜR 2 PERSONEN | 30 MIN. ZUBEREITUNG
PRO PORTION: CA. 425 KCAL | 22 G EW | 34 G F | 7 G KH

1 Den Lauch putzen, waschen und schräg in dünne Streifen schneiden. Die Zwiebel schälen und in feine Würfel schneiden. 1 EL Öl in einem Topf erhitzen und Lauchstreifen und Zwiebelwürfel darin bei mittlerer Hitze ca. 3 Min. andünsten. Die Gemüsebrühe dazugießen und alles zugedeckt bei kleiner Hitze ca. 20 Min. garen.

2 Inzwischen die Champignons putzen, bei Bedarf mit einem Tuch abreiben und in dünne Scheiben schneiden. Das übrige Öl in einer Pfanne erhitzen und das Hackfleisch darin bei mittlerer Hitze unter Rühren in ca. 5 Min. krümelig anbraten. Die Pilze dazugeben und ca. 5 Min. mitgaren, alles mit etwas Salz und Pfeffer würzen.

3 Die Lauchsuppe vom Herd ziehen und im Topf mit dem Pürierstab fein pürieren. Dann Kochsahne und Kräuterfrischkäse unterrühren.

4 Zum Servieren die Lauchsuppe mit Salz, Pfeffer und Muskatnuss abschmecken und das Hackfleisch-Champignon-Gemisch unterrühren. Die Suppe auf tiefe Teller verteilen und mit der Petersilie bestreuen.

1 große Stange Lauch
1 Zwiebel
2 EL Rapsöl
450 ml glutenfreie Gemüsebrühe
125 g kleine weiße Champignons
150 g Rinderhackfleisch
Salz, Pfeffer
150 g Kochsahne (15 % Fett)
1 EL Kräuterfrischkäse (16 % Fett)
frisch geriebene Muskatnuss
2 EL gehackte Petersilie (frisch oder TK)

+ ***Um ausreichend Eiweiß gegen Hungerattacken und damit Bauchfett aufzunehmen, ist Fleisch eine naheliegende Idee. Empfehlenswert ist allerdings immer, zwei Drittel des täglichen Proteinbedarfs aus Pflanzen zu bestreiten. Denn die meisten tierischen Eiweißquellen haben gesättigte Fettsäuren im Gepäck, die Entzündungen fördern können. Hier können Sie für eine Veggie-Variante das Hackfleisch auch durch 1 EL Kräuterfrischkäse ersetzen und alles mit je 1 Scheibe Eiweißbrot mit Dinkel und Soja (s. S. 26; enthält allerdings Gluten!) genießen. Wer Tofu liebt, schneidet 200 g Tofu in kleine Würfel und brät es wie das Hackfleisch im Öl an.***

WARME BOWL MIT KICHERERBSEN

FÜR 2 PERSONEN | 15 MIN. ZUBEREITUNG
PRO PORTION: CA. 455 KCAL | 16 G EW | 19 G F | 53 G KH

60 g Bulgur
Salz
je 1 Handvoll Petersilien- und Minzblätter
80 g stichfester Naturjoghurt (1,5 % Fett)
1 EL Zitronensaft
1½ EL Olivenöl
Pfeffer
1 Schalotte
1 Knoblauchzehe
200 g Kichererbsen (aus der Dose)
2 TL Ras el Hanout
1 EL Tomatenmark
40 g Baby-Blattspinat
50 g Zuckerschoten
100 g Salatgurke
100 g Radieschen

1. Den Bulgur in einem Sieb abbrausen und in einem Topf in 120 ml Wasser mit etwas Salz zugedeckt 8–10 Min. köcheln lassen. Vom Herd nehmen, auflockern und zugedeckt beiseitestellen.

2. Währenddessen Petersilie und Minze waschen, trocken tupfen und fein hacken. Die Kräuter in einer kleinen Schüssel mit Joghurt, Zitronensaft, 1 TL Öl, Salz und Pfeffer verrühren.

3. Schalotte und Knoblauch schälen und separat fein würfeln. Die Kichererbsen in einem Sieb abbrausen und abtropfen lassen. Die Schalotte in einer Pfanne im übrigen Öl ca. 3 Min. andünsten. Die Kichererbsen mit Ras el Hanout und Tomatenmark dazugeben und ca. 4 Min. mitrösten. Zuletzt den Knoblauch hinzufügen und noch 1 Min. dünsten.

4. Den Spinat verlesen, waschen und trocken tupfen, dabei grobe Stiele entfernen. Die Zuckerschoten putzen und waschen. Die Gurke putzen, waschen und in dünne Stifte schneiden. Die Radieschen putzen, waschen und in dünne Scheiben schneiden. Zum Servieren Bulgur, würzige Kichererbsen, Spinat, Zuckerschoten, Gurke und Radieschen auf Schalen (Bowls) verteilen und den Joghurtdip darüberträufeln.

+ ***Kichererbsen sind wie alle Hülsenfrüchte äußerst fettarm, liefern dafür jedoch hochwertiges pflanzliches Eiweiß. Das macht sie wertvoll für alle, die sich rein pflanzenbasiert ernähren. Dazu punkten die kleinen Kugeln mit reichlich Eisen (wichtig für den Hämoglobinwert) und B-Vitaminen (wichtig für die Nerven). Das enthaltene Kalium ist gut für Menschen mit Bluthochdruck, einem Symptom, das oft in Kombination mit übermäßigem Bauchfett auftritt.***

MOZZARELLA MIT ZOODLES

FÜR 2 PERSONEN | 15 MIN. ZUBEREITUNG | 18 MIN. GAREN
PRO PORTION: CA. 445 KCAL | 16 G EW | 38 G F | 10 G KH

250 g Zucchini
1½ EL Olivenöl
20 g Pinienkerne
20 g schwarze Oliven (entsteint)
30 g getr. Tomaten (in Öl eingelegt)
1 Schalotte
1 Knoblauchzehe
1 EL Tomatenmark
Salz, Pfeffer
1 Mozzarellakugel (125 g)
2 EL gehackter Rosmarin
1 Handvoll Basilikumblätter

1 Den Backofen auf 180° (Umluft) vorheizen. Die Zucchini putzen, waschen und mit dem Spiralschneider oder Sparschäler in feine Streifen (Zoodles) schneiden, dabei die Kerne entfernen. Die Zoodles in einem Sieb abtropfen lassen, in eine Auflaufform (ca. 15 × 23 cm) geben und mit 1 EL Öl beträufeln. Die Pinienkerne in einer kleinen beschichteten Pfanne ohne Fett hell rösten, herausnehmen und abkühlen lassen.

2 Oliven und Tomaten in Scheiben schneiden. Schalotte und Knoblauch schälen, fein würfeln und in einer Pfanne im übrigen Öl bei mittlerer Hitze ca. 3 Min. andünsten. Tomatenmark, Oliven und Tomaten hinzufügen, noch ca. 2 Min. dünsten, salzen und pfeffern, vom Herd nehmen.

3 Den Mozzarella abtropfen lassen, quer halbieren und jede Hälfte wie eine Tasche etwas einschneiden. Die Taschen mit Tomaten-Oliven-Mix füllen, mit Rosmarin garnieren, auf die Zoodles legen und alles im Ofen (Mitte) 15–18 Min. garen. Zum Servieren das Gericht herausnehmen, auf Tellern anrichten und mit Basilikum und Pinienkernen garnieren.

+ ***Die Gemüsenudeln liefern viele Ballaststoffe und kaum Kohlenhydrate – sie sind dadurch eine ideale Alternative zu Pasta aus hellem Getreide. Weniger Kohlenhydrate bedeuten auch deutlich weniger Blutzuckeranstieg und Insulinschwankungen. Da fällt die Gewichtsabnahme am Bauch deutlich leichter! Neben Zoodles lassen sich übrigens genauso Möhren oder Pastinaken mit dem Spiralschneider in dünne Gemüsenudeln verwandeln.***

ORIENTALISCHE HIRSEPFANNE

FÜR 2 PERSONEN | 40 MIN. ZUBEREITUNG
PRO PORTION: CA. 540 KCAL | 20 G EW | 22 G F | 63 G KH

100 g Hirse
1 TL glutenfreie Gemüsebrühe (Instant)
1 Zwiebel
2 Knoblauchzehen
250 g Möhren
1 rote Paprika
1 Zucchino
40 g Cashewkerne
1 EL Rapsöl
2 EL Tomatenmark
1½ TL edelsüßes Paprikapulver
2 Msp. Cayennepfeffer
je ½ TL Zimtpulver und Piment
¾ TL gemahlener Kreuzkümmel
Salz, Pfeffer
3 Stängel Minze
400 g stichfester Naturjoghurt (1,5 % Fett)
1 EL Zitronensaft
1 TL flüssiger Honig
2 EL gehackte Petersilie

1 Die Hirse in einem Sieb abbrausen. Erst in einem Topf mit 200 ml Wasser und Brühe aufkochen, dann zugedeckt bei kleiner Hitze ca. 5 Min. garen. Vom Herd nehmen und zugedeckt noch 10 Min. quellen lassen.

2 Währenddessen Zwiebel und Knoblauch schälen und in feine Würfel schneiden. Die Möhren schälen und in kleine Würfel schneiden. Den Zucchino putzen, waschen und klein würfeln. Die Paprika waschen, längs halbieren, weiße Trennwände und Kerne entfernen, die Hälften klein würfeln. Die Cashewkerne halbieren und in einer kleinen beschichteten Pfanne ohne Fett hell rösten, herausnehmen und abkühlen lassen.

3 Inzwischen das Öl in einer großen Pfanne erhitzen und Zwiebel und Knoblauch darin bei mittlerer Hitze ca. 2 Min. andünsten. Die Möhrenwürfel dazugeben und zugedeckt weitere 5 Min. dünsten. Zucchino und Paprika hinzufügen, das Tomatenmark unterrühren und das Gemüse mit Paprikapulver, Cayennepfeffer, Zimt, Piment, ½ TL Kreuzkümmel, Salz und Pfeffer würzen. Anschließend zugedeckt noch 5–7 Min. garen.

4 Die Minze waschen, trocken tupfen, Blätter abzupfen und fein hacken. Joghurt, Zitronensaft, übrigen Kreuzkümmel, Minze, Salz und Pfeffer verrühren. Petersilie, Hirse und Cashews unter das Gemüse mischen, salzen und pfeffern und alles mit dem Dip auf Tellern anrichten.

+ ***Hirse ist ein glutenfreies Getreide sowie ein sehr guter Magnesium- und Eisenlieferant. Zudem enthält sie nennenswerte Mengen an Pflanzeneiweiß, das im Kampf gegen Bauchfett immer an erster Stelle stehen sollte. In den Dip kommt stichfester Joghurt, der besonders viele Milchsäurebakterien enthält. Die verbessern unsere Darmflora.***

MEXIKANISCHES OFENGEMÜSE

FÜR 2 PERSONEN | 15 MIN. ZUBEREITUNG | 30 MIN. GAREN
PRO PORTION: CA. 670 KCAL | 23 G EW | 31 G F | 71 G KH

1 Süßkartoffel (ca. 250 g)
3 Frühlingszwiebeln
1 rote Spitzpaprika
1 Zucchino
80 g Gemüsemais (aus der Dose)
1 Dose schwarze Bohnen (240 g Abtropfgewicht; ersatzweise Pinto- oder Kidneybohnen)
1 Knoblauchzehe
50 g mittelalter Gouda (am Stück)
2 TL edelsüßes Paprikapulver
1 TL gemahlener Kreuzkümmel
1 TL getr. Oregano
½ TL Chilipulver
2 EL Olivenöl
¼ Bund Koriandergrün
½ Limette
Salz, Pfeffer

1. Den Backofen auf 180° vorheizen. Die Süßkartoffel mit einer Gemüsebürste unter fließendem Wasser gründlich abbürsten, längs halbieren und in ca. 3 cm große Würfel schneiden. Die Frühlingszwiebeln putzen und waschen, weißen und grünen Teil separat in dünne Ringe schneiden. Die Paprika waschen, halbieren, weiße Trennwände und Kerne entfernen, die Hälften in ca. 1 cm breite Streifen schneiden. Den Zucchino putzen, waschen, längs vierteln und in Würfel schneiden. Mais und Bohnen in einem Sieb abbrausen und abtropfen lassen. Den Knoblauch schälen und fein würfeln. Den Gouda grob raspeln.

2. Süßkartoffel, weiße Frühlingszwiebelringe, Paprika, Zucchino, Mais und Bohnen in eine große Schüssel geben und mit Knoblauch, Gewürzen und Öl gründlich mischen. Das Gemüse auf einem Backblech gleichmäßig verteilen, mit dem Gouda bestreuen und im Ofen (Mitte; Umluft 160°) ca. 30 Min. garen.

3. Währenddessen das Koriandergrün waschen, trocken tupfen und die Blätter abzupfen. Die Limettenhälfte auspressen. Zum Servieren das Gemüse aus dem Ofen nehmen, auf Teller verteilen und mit dem Limettensaft beträufeln. Mit den grünen Frühlingszwiebelringen und dem Koriandergrün garnieren.

Bei rein vegetarischen Gerichten ist es manchmal gar nicht so leicht, auf ausreichend Eiweiß zu kommen. Hier garantiert die Kombination mit Käse, dass wir lange satt bleiben – das kann Heißhunger vorbeugen und Snacken vermeiden, die Hauptursachen für Bauchfett. Die Kombination aus Bohnen und Mais sorgt zudem für gute Proteinqualität, die als sogenannte biologische Wertigkeit definiert ist: Das heißt, man nimmt alle lebensnotwendigen Eiweißbausteine (Aminosäuren) zu sich.

ONE-POT-PASTA MIT KÜRBIS

FÜR 2 PERSONEN | 20 MIN. ZUBEREITUNG
PRO PORTION: CA. 380 KCAL | 17 G EW | 13 G F | 47 G KH

1 Zwiebel und Knoblauch schälen und in feine Würfel schneiden. Die Kichererbsen in einem Sieb abbrausen und abtropfen lassen. Den Kürbis putzen, waschen, entkernen und in sehr kleine Würfel schneiden. Den Spinat verlesen, waschen und trocken tupfen, dabei grobe Stiele entfernen. Die Petersilie waschen, trocken tupfen und grob hacken.

2 Das Öl in einem großen Topf erhitzen und Zwiebel und Knoblauch darin in ca. 2 Min. glasig dünsten. Kichererbsen und Kürbiswürfel hinzufügen und bei mittlerer Hitze ca. 4 Min. mitandünsten. Alles mit Kokosmilch und Gemüsebrühe ablöschen. Linsenpasta und Gewürze hinzufügen und alles zugedeckt bei mittlerer Hitze 4–5 Min. köcheln lassen.

3 Anschließend die Herdplatte ausschalten, den Spinat zur One-Pot-Pasta geben und vorsichtig unterheben. Zum Servieren die Pasta auf Tellern anrichten und mit Petersilie garnieren.

1 kleine rote Zwiebel
1 Knoblauchzehe
50 g Kichererbsen (aus der Dose)
150 g Hokkaido-Kürbis
100 g Baby-Blattspinat
1 Handvoll Petersilienblätter
1 EL Rapsöl
200 g Kokosmilch
200 ml heiße glutenfreie Gemüsebrühe
80 g Linsennudeln (z. B. Spirelli oder Penne)
Salz, Pfeffer
½ TL gemahlener Kreuzkümmel
1 Msp. Chilipulver

+ ***Pasta aus Hülsenfrüchten ist für alle, die ihre Fettdepots rund um die inneren Organe schmälern wollen, ein ebenso guter Tipp wie Nudeln aus Gemüse oder Vollkorn. Damit kommen weniger »schnelle« Kohlenhydrate, aber deutlich mehr Ballaststoffe und Pflanzeneiweiß auf den Teller. Neben Nudeln aus Linsen gibt es auch solche aus Erbsen, Kichererbsen oder Edamame, den unreifen grünen Sojabohnen. Vorsicht ist allerdings beim Garen angesagt: Pasta aus Hülsenfrüchten kocht schneller weich!***

SÜSSKARTOFFELN MIT GEMÜSE UND FETA

FÜR 2 PERSONEN | 10 MIN. ZUBEREITUNG | 25 MIN. GAREN
PRO PORTION: CA. 490 KCAL | 20 G EW | 28 G F | 39 G KH

1 Den Backofen auf 180° (Umluft) vorheizen. Die Süßkartoffel mit einer Gemüsebürste unter fließendem Wasser gründlich abbürsten und in grobe Würfel schneiden. Die Aubergine putzen, waschen und ebenfalls in grobe Würfel schneiden. Den Brokkoli putzen, waschen und in Röschen teilen. Alles mit Öl, Rosmarin, Salz, Pfeffer und Paprikapulver in einer Schüssel gründlich mischen. Das Gemüse in einer Auflaufform gleichmäßig verteilen und im Ofen (Mitte) erst ca. 15 Min. vorgaren.

2 Währenddessen den Ziegenkäse in Würfel schneiden. Die Tomaten waschen und halbieren. Nach ca. 15 Min. Garzeit die Auflaufform aus dem Ofen nehmen und Ziegenkäse, Tomaten und Pinienkerne über dem Süßkartoffel-Gemüse-Mix verteilen. Dann das Gemüse im Ofen (Mitte) in ca. 10 Min. fertig garen.

3 Zum Servieren das Basilikum waschen, trocken tupfen, die Blätter abzupfen und grob hacken. Das Gemüse aus dem Ofen nehmen und auf Teller verteilen, mit dem Basilikum garnieren.

1 Süßkartoffel (ca. 300 g)
1 kleine Aubergine
250 g Brokkoli
1 EL Olivenöl
1 EL gehackter Rosmarin
Salz, Pfeffer
edelsüßes Paprikapulver
150 g Ziegen- oder Schafskäse (z. B. Feta)
250 g Tomaten (mit Rispen)
1 EL Pinienkerne
2 Stängel Basilikum

Ein buntes Gericht mit reichlich Gemüse, Ballaststoffen und Eiweiß – dem effektiven Trio gegen Bauchfett. Süßkartoffeln enthalten zwar etwas mehr Kohlenhydrate als Kartoffeln, besitzen dafür aber auch eine deutlich höhere Nährstoffdichte. Wer sich vegan ernähren möchte, kann anstelle von Ziegenkäse Tofu verwenden – für den leicht säuerlichen Geschmack gerne eine fermentierte Variante (z. B. Feto). Als Abwechslung können Sie statt Brokkoli außerdem auch grünen Spargel (in ca. 3 cm lange Stücke schneiden!) unter das Ofengemüse mischen.

THAI-GEMÜSECURRY MIT RÄUCHERTOFU

FÜR 2 PERSONEN | 20 MIN. ZUBEREITUNG
PRO PORTION: CA. 435 KCAL | 22 G EW | 30 G F | 19 G KH

2 Knoblauchzehen
1 Stück Ingwer (2,5 cm lang)
1 rote Chilischote
1 Stängel Zitronengras
2 kleine Möhren
1 kleiner Zucchino
250 g Champignons
2 Frühlingszwiebeln
175 g geräucherter Tofu (ersatzweise Naturtofu)
2 EL Erdnussöl
2 EL rote Thai-Currypaste
1 EL glutenfreie Sojasauce
250 g Kokosmilch
2 Stängel Thai-Basilikum

1 Knoblauch und Ingwer schälen und fein würfeln. Die Chilischote waschen, längs halbieren, weiße Trennwände und Kerne entfernen, die Hälften in feine Ringe schneiden. Das Zitronengras putzen, die holzigen Enden sowie die äußeren Blätter entfernen und das Zitronengras in dünne Scheiben schneiden.

2 Die Möhren schälen, längs halbieren und quer in Scheiben schneiden. Den Zucchino putzen, waschen, längs halbieren und quer in Scheiben schneiden. Die Pilze putzen, bei Bedarf mit einem Tuch abreiben und vierteln. Die Frühlingszwiebeln putzen, waschen und in dünne Ringe schneiden. Den Tofu würfeln.

3 Das Erdnussöl im Wok oder in einer Pfanne erhitzen und Knoblauch, Ingwer, Chili und Zitronengras darin ca. 2 Min. scharf anbraten. Möhren, Zucchino, Champignons, Frühlingszwiebeln und Tofuwürfel hinzufügen und alles noch ca. 3 Min. braten, dabei immer wieder umrühren. Die Currypaste dazugeben, alles mit Sojasauce und Kokosmilch ablöschen und bei mittlerer Hitze noch ca. 3 Min. köcheln lassen.

4 Zum Servieren das Thai-Basilikum waschen, trocken tupfen, die Blätter abzupfen und zuletzt mit in den Wok geben. Alles auf Tellern anrichten.

+ ***Wer sein viszerales Fett schmelzen lassen möchte, profitiert vom Sojaprodukt Tofu. Denn der liefert wertvolles pflanzliches Protein mit einer hohen Bioverfügbarkeit, das heißt, der Körper kann Sojaeiweiß besonders gut aufnehmen und verwerten. Zudem enthält Soja alle essenziellen Aminosäuren. »Essenziell« bedeutet, dass wir diese Substanzen über die Nahrung zu uns nehmen müssen, weil der Körper sie nicht selbst herstellen kann. Das Extraplus von Tofu: Im Gegensatz zu Fleisch ist er kalorienarm und praktisch cholesterinfrei. Tofu enthält einen hohen Anteil mehrfach ungesättigter Fettsäuren und ist daher vorteilhaft für die Herzgesundheit.***

SPINATCURRY MIT BLUMENKOHL-»REIS«

FÜR 2 PERSONEN | 30 MIN. ZUBEREITUNG
PRO PORTION: CA. 655 KCAL | 29 G EW | 35 G F | 53 G KH

1 Stück Ingwer (4 cm lang)
1 Stück frische Kurkuma (4 cm lang)
1 Knoblauchzehe
1 Zwiebel
1 kleiner Blumenkohl
200 g Baby-Blattspinat
250 g TK-Erbsen
2 ½ EL geröstetes Sesamöl
1 ½ TL gemahlener Koriander
1 Dose stückige Tomaten (400 g)
200 g stichfester Naturjoghurt (ersatzweise vegane Joghurtalternative aus Kokos)
Salz

1 Ingwer und Kurkuma schälen und fein reiben oder klein würfeln. Knoblauch und Zwiebel schälen und fein würfeln. Den Blumenkohl putzen, waschen und in Röschen teilen, Blätter und unteren Teil des Strunks entfernen. Den übrigen Blumenkohl in der Küchenmaschine etwa in Reiskorngröße schreddern (alternativ auf der Gemüsereibe fein raspeln). Den Spinat verlesen, waschen und trocken tupfen, dabei grobe Stiele entfernen. Die Erbsen in einer Schüssel mit kochend heißem Wasser übergießen, danach in ein Sieb abgießen und abtropfen lassen.

2 In einer Pfanne 1 ½ EL Sesamöl erhitzen und Ingwer, Kurkuma, Knoblauch und Zwiebel darin mit dem Koriander bei mittlerer Hitze ca. 5 Min. anbraten. Die stückigen Tomaten dazugeben und alles zugedeckt bei kleiner Hitze noch ca. 5 Min. köcheln lassen.

3 Dann den Spinat nach und nach hinzufügen und zugedeckt in 3–4 Min. zusammenfallen lassen. 2 EL Joghurt zum Garnieren beiseitestellen, den Rest mit den Erbsen zum Curry geben und alles gründlich mischen. Das Curry zugedeckt noch ca. 5 Min. garen.

4 In einer weiteren Pfanne das restliche Öl erhitzen und den Blumenkohl-»Reis« darin bei mittlerer Hitze 3–4 Min. unter Wenden leicht anbraten, salzen. Zum Servieren den Blumenkohl-»Reis« mit dem Curry auf Tellern anrichten und mit dem beiseitegestellten Joghurt garnieren.

Gewusst wie! Genau wie man Getreidenudeln durch Gemüse ersetzen und gesunde Pasta aus Zucchini, Möhren und Co. herstellen kann, lässt sich Blumenkohl zu einer Art »Reis« schreddern. Auf diese Weise spart man intelligent Kohlenhydrate und bekommt gleichzeitig eine größere Gemüseportion auf die Teller. Und das ist eine der effektivsten Strategien im Kampf gegen Fettdepots in der Körpermitte.

SCHNELLES ROTE-LINSEN-CHILI

FÜR 2 PERSONEN | 15 MIN. ZUBEREITUNG
PRO PORTION: CA. 335 KCAL | 19 G EW | 9 G F | 43 G KH

1 Zwiebel und Knoblauch schälen und in feine Würfel schneiden. Die Brühe zum Kochen bringen. Das Öl in einem hohen Topf erhitzen und Zwiebel und Knoblauch darin bei mittlerer Hitze kurz andünsten. Die Linsen in einem Sieb abbrausen und dazugeben. Die heiße Brühe dazugießen und alles zugedeckt bei schwacher Hitze ca. 10 Min. garen.

2 Anschließend die passierten Tomaten dazugießen und alles mit Chili, Paprika und Kräutern würzen. Die Bohnen in ein Sieb abgießen, abbrausen und abtropfen lassen, ebenfalls zum Chili geben. Zum Servieren Basilikum waschen und trocken tupfen. Das Linsen-Chili nochmals abschmecken, auf tiefe Teller verteilen und mit Basilikum garnieren.

Rote Linsen sind ein Blitzrezept gegen Bauchfett. Denn sie sind in knapp 10 Min. fertig – beispielsweise als eiweiß- und ballaststoffreiche Suppeneinlage. Wie alle Hülsenfrüchte sättigen sie exzellent!

1 Zwiebel
1 Knoblauchzehe
150 ml vegane glutenfreie Gemüsebrühe
2 EL Rapsöl
100 g getr. rote Linsen
200 g passierte Tomaten (aus der Dose)
1 Msp. Chiliflocken
rosenscharfes Paprikapulver
1 TL getr. Oregano
½ TL getr. Majoran
125 g Cannellini-Bohnen (aus der Dose)
einige Blätter Basilikum zum Garnieren

OFENGEMÜSE MIT ZIEGENKÄSE

FÜR 2 PERSONEN | 10 MIN. ZUBEREITUNG | 20 MIN. GAREN
PRO PORTION: CA. 445 KCAL | 17 G EW | 33 G F | 18 G KH

100 g Lauch (frisch oder TK und in Scheiben)
1 rote Paprika
1 Zucchino
1 Pastinake
2 Zweige Rosmarin
1 EL getr. Thymian
2 EL Mandelblättchen
Salz, Pfeffer
100 g Ziegenfrischkäse
2 EL Olivenöl

1 Den Backofen auf 180° vorheizen. Den Lauch putzen, waschen und in Scheiben schneiden (TK-Ware rechtzeitig auftauen lassen). Von der Paprika einen Deckel abschneiden, die Paprika putzen und waschen. Dann im Ganzen quer in ca. 5 mm dünne Ringe schneiden. Den Zucchino putzen, waschen und in Scheiben schneiden. Die Pastinake putzen, schälen und schräg in Scheiben schneiden. Den Rosmarin waschen, trocken tupfen, die Nadeln abzupfen und fein hacken.

2 Das Gemüse in einer kleinen Auflaufform verteilen, mit Rosmarin, Thymian und Mandelblättchen bestreuen und mit Salz und Pfeffer würzen. Den Ziegenkäse in kleinen Portionen auf dem Gemüse verteilen und alles mit dem Öl beträufeln. Das Gemüse im Ofen (Mitte) ca. 20 Min. garen. Herausnehmen und vor dem Servieren kurz abkühlen lassen.

+ ***Gemüse, Käse und Mandeln sättigen gut und bewahren uns damit vor Heißhunger. Wer will, kann noch pro Portion 1 Scheibe (glutenfreies) Vollkornbaguette dazu essen.***

MINI-FRITTATAS MIT ROTKOHLSALAT

FÜR 2 PERSONEN | 30 MIN. ZUBEREITUNG | 25 MIN. BACKEN
PRO PORTION: CA. 660 KCAL | 26 G EW | 47 G F | 32 G KH

Für die Mini-Frittatas:
2 milde Peperoni
(aus dem Glas)
½ grüne Paprika
1 Frühlingszwiebel
30 g TK-Erbsen
30 g geriebener Pecorino
(ersatzweise Parmesan)
30 g Ricotta
4 Bio-Eier (M)
Salz, Pfeffer
1 Msp. getr. Oregano
4 Silikon-Muffinförmchen
Öl für die Muffinmulden

Für den Salat:
¼ Rotkohl (ca. 300 g)
1 säuerlicher Apfel
(ca. 150 g)
1 Stück Ingwer (3 cm lang)
½ Bio-Zitrone
2 EL Olivenöl
1 TL Ahornsirup
Salz
1 TL Chiliflocken
20 g Walnusskerne

1 Für die Mini-Frittatas den Backofen auf 180° (Umluft) vorheizen. Die Muffinformen mit etwas Öl einfetten. Peperoni trocken tupfen und in feine Ringe schneiden. Paprika waschen, weiße Trennwände und Kerne entfernen, Paprika klein würfeln. Frühlingszwiebel putzen, waschen und in dünne Ringe schneiden. Erbsen in einer Schüssel mit heißem Wasser übergießen, danach in ein Sieb abgießen und abtropfen lassen.

2 Gemüse und beide Käse mischen und auf die Muffinformen verteilen. Eier in der Schüssel verquirlen, mit Salz, Pfeffer und Oregano würzen. Eier-Mix über dem Gemüse verteilen und die Mini-Frittatas im Ofen (Mitte) 20–25 Min. backen. Herausnehmen und abkühlen lassen.

3 Währenddessen für den Salat den Rotkohl putzen, waschen, äußere Blätter und harten Strunk entfernen. Den Rotkohl in feine Streifen schneiden oder auf der Gemüsereibe fein hobeln. Den Apfel waschen und bis auf das Kerngehäuse grob raspeln. Den Ingwer schälen und fein hacken, mit Rotkohl und Apfel in einer Salatschüssel mischen.

4 Für das Dressing die Zitrone heiß waschen, abtrocknen, die Schale fein abreiben und zum Garnieren beiseitestellen. Den Saft auspressen und mit Öl, Ahornsirup, 1 Prise Salz und Chiliflocken verrühren. Das Dressing gründlich unter die Salatzutaten mischen.

5 Die Walnüsse in einer kleinen beschichteten Pfanne ohne Fett hell rösten. Zum Servieren den Salat mit je zwei Mini-Frittatas auf Teller verteilen und mit Zitronenschale und Walnüssen garnieren.

+ ***Rotkohl zählt wie Hülsenfrüchte und Nüsse auch zu den besten Bauchfettfeinden. Das liegt an seinen sekundären Pflanzenstoffen, den Ballaststoffen und den komplexen Kohlenhydraten.***

QUICHE MIT ZUCCHINI UND KÄSE

FÜR 1 SPRINGFORM (∅ 20 CM; 4 PERSONEN) |
30 MIN. ZUBEREITUNG | 30 MIN. BACKEN
PRO PORTION: CA. 690 KCAL | 21 G EW | 47 G F | 44 G KH

1 Für den Teig Mehl und Backpulver in einer Rührschüssel mischen. Butter, Öl, Zucker, 75 ml kaltes Wasser und 1 Prise Salz dazugeben und alles mit den Knethaken des Handrührgeräts oder der Küchenmaschine zu einem festen Teig verkneten. Den Teig abgedeckt in den Kühlschrank stellen. Den Backofen auf 180° vorheizen.

2 Inzwischen für den Belag die Zucchini putzen, waschen und auf der Gemüsereibe grob raspeln. Frühlingszwiebeln putzen, waschen und in dünne Ringe schneiden. Zucchini, Frühlingszwiebeln und Thymian in einer tiefen Pfanne im Öl bei mittlerer Hitze ca. 10 Min. leicht anbraten.

3 Die Form mit Backpapier auslegen. Den Teig auf der leicht bemehlten Arbeitsfläche dünn ausrollen und die Form damit auskleiden.

4 Die Zitrone heiß waschen, abtrocknen und die Schale fein abreiben, dann den Saft auspressen. Zitronenschale und -saft mit Eiern und Sojacreme in einem hohen Rührbecher mit einem Schneebesen verquirlen, alles mit Salz, Pfeffer und Muskat würzen.

5 Den Eier-Mix mit dem Gemüse kurz mischen und alles in der Springform gleichmäßig verteilen. Die Quiche mit dem Ziegengouda bestreuen und im Ofen (Mitte) in ca. 30 Min. goldbraun backen. Herausnehmen und vor dem Servieren kurz abkühlen lassen.

Für den Teig:
180 g Vollkorn-Dinkelmehl
1 TL Backpulver
50 g kalte Butter (ersatzweise Margarine)
20 ml Rapsöl
1 TL Zucker
Salz
Mehl zum Arbeiten

Für den Belag:
600 g Zucchini (am besten grüne und gelbe)
1 Bund Frühlingszwiebeln
2 TL getr. Thymian
1 EL Olivenöl
½ Bio-Zitrone
2 Bio-Eier (M)
300 g Sojacreme
Salz, Pfeffer
¼ TL frisch geriebene Muskatnuss
80 g geriebener Ziegengouda (am Stück; ersatzweise mittelalter Gouda)

+ ***Setzen Sie, wo es möglich ist, die Vollkornvariante ein – etwa bei Mehl, Nudeln oder Reis! Das erhöht zum einen die Nährstoffdichte, zum anderen die Menge an Ballaststoffen und komplexen Kohlenhydraten, die uns lang anhaltend satt machen.***

LACHSSTEAK MIT CHIMICHURRI

FÜR 2 PERSONEN | 30 MIN. ZUBEREITUNG | 25 MIN. BACKEN
PRO PORTION: CA. 850 KCAL | 38 G EW | 60 G F | 38 G KH

1 Süßkartoffel (ca. 250 g)
1½ EL Olivenöl
Salz
200 g Salatgurke
2 Lachssteaks (ca. 180 g)
1 TL Butter

Für das Chimichurri:
1 Schalotte
1 große Knoblauchzehe
1 rote Chilischote
½ Bund Petersilie
1 Bio-Limette
1½ EL Olivenöl
Salz, Pfeffer
1 Msp. getr. Thymian
1 Msp. getr. Oregano

1 Den Backofen auf 180° (Umluft) vorheizen. Ein Backblech mit Backpapier auslegen. Die Süßkartoffel mit einer Gemüsebürste unter fließendem Wasser gründlich abbürsten und in Spalten schneiden. In einer Schüssel mit 1 EL Öl und etwas Salz mischen. Die Süßkartoffel auf dem Blech verteilen und im Ofen (Mitte) ca. 20 Min. backen. Inzwischen die Gurke putzen, waschen und samt Schale mit dem Sparschäler in feine lange Gurkenstreifen schneiden.

2 Für das Chimichurri Schalotte und Knoblauch schälen und fein würfeln. Die Chili waschen, halbieren, weiße Trennwände und Kerne entfernen, die Hälften in feine Streifen schneiden. Petersilie waschen, trocken tupfen, Blätter abzupfen und fein hacken. Die Limette heiß waschen, abtrocknen und ½ TL Schale fein abreiben. Die Limette halbieren und eine Hälfte auspressen (die andere Hälfte anderweitig verwenden). Schalotte, Knoblauch, Chili, Petersilie und Limettensaft im Mörser zu einer Paste zerreiben, mit dem Öl verrühren und alles mit Limettenschale, Salz, Pfeffer, Thymian und Oregano würzen.

3 Die Lachssteaks waschen, trocken tupfen und in einer Pfanne in dem übrigen Öl und der Butter auf jeder Seite ca. 1 Min. scharf anbraten. Dann bei mittlerer Hitze auf beiden Seiten noch 2–3 Min. braten. Zum Servieren die Lachssteaks mit Süßkartoffelspalten und Gurkenstreifen auf Tellern anrichten und mit dem Chimichurri beträufeln.

Als Hamburger liebe ich Fisch. Gut, dass der gesund ist. Neueste Studien zeigen, dass der rote Farbstoff im Lachs unsere Sättigung fördert und die satt machende Wirkung von Eiweiß und Fischöl noch extra verstärkt. Übrigens: Bei der Gurke sitzen wie bei fast jeder Frucht die Vitamine und Mineralstoffe überwiegend in der Schale – für den vollen Vitalstoff-Booster daher am besten nur gründlich waschen und samt Schale essen.

GEMÜSEAUFLAUF MIT KABELJAU

FÜR 2 PERSONEN | 20 MIN. ZUBEREITUNG | 30 MIN. GAREN
PRO PORTION: CA. 365 KCAL | 36 G EW | 16 G F | 19 G KH

1 Den Backofen auf 200° vorheizen. Die Kabeljaufilets waschen, trocken tupfen und nebeneinander in eine Auflaufform legen. Die Fischfilets mit Zitronensaft beträufeln und mit Salz und Pfeffer würzen. (TK-Ware 20–30 Min. vorher auftauen lassen.)

2 Zwiebel und Knoblauch schälen und in feine Würfel schneiden. Die Kartoffeln schälen, den Zucchino putzen und waschen, beides in kleine Würfel schneiden. Paprika waschen, längs halbieren, weiße Trennwände und Kerne entfernen, die Hälften klein würfeln.

3 Das Öl in einer Pfanne erhitzen und Zwiebel und Knoblauch darin bei mittlerer Hitze ca. 2 Min. andünsten. Die Kartoffel-, Zucchino- und Paprikawürfel dazugeben und unter Rühren ca. 10 Min. mitdünsten. Anschließend das Gemüse mit Rosmarin, Thymian, Salz und Pfeffer würzen und über den Kabeljaufilets in der Auflaufform verteilen.

4 Den Feta in Würfel schneiden und zuletzt über Fisch und Gemüse streuen. Die Tomaten waschen, halbieren und zwischen den Feta setzen. Den Fisch-Gemüse-Auflauf im Backofen (Mitte) 25–30 Min. garen. Aus dem Ofen nehmen und vor dem Servieren kurz abkühlen lassen.

2 Kabeljaufilets
(à ca. 125 g, frisch oder TK)
2 EL Zitronensaft
Salz, Pfeffer
1 Zwiebel
1 Knoblauchzehe
2 festkochende Kartoffeln
(ca. 160 g)
1 Zucchino
je 1 rote und gelbe Paprika
1 EL Rapsöl
1 TL getr. Rosmarin
1 TL getr. Thymian
100 g Schafskäse (z. B. Feta)
100 g Kirschtomaten

+ ***Fisch und Feta – das ist Protein im Doppelpack. Achten Sie auf ausreichend Protein auf dem Teller, wenn Sie ungünstige Fettdepots in der Körpermitte abbauen möchten. Denn Eiweiß hält uns lange satt. So fällt es uns leichter, auf Snacks und Zwischenmahlzeiten zu verzichten, die sonst durch Heißhunger oder Appetit getriggert werden.***

ASIA-LACHSPÄCKCHEN

FÜR 2 PERSONEN | 10 MIN. ZUBEREITUNG | 15 MIN. GAREN
PRO PORTION: CA. 460 KCAL | 33 G EW | 34 G F | 4 G KH

- 400 g Mini-Pak Choi
- 6 Champignons
- 1 EL Limettensaft
- 2 EL glutenfreie Sojasauce
- 2 EL geröstetes Sesamöl
- 1 EL heller Sesam
- Pfeffer
- 2 Lachsfilets (à ca. 150 g)

1 Den Backofen auf 180° vorheizen. Pak Choi putzen, waschen und Blätter sowie Stiele in Streifen schneiden. Pilze putzen, bei Bedarf mit einem Tuch abreiben und vierteln. Pak Choi und Pilze in einer Schüssel mit Limettensaft, Sojasauce, Sesamöl, Sesam und Pfeffer vermengen.

2 Den Fisch waschen und trocken tupfen. Jedes Lachspäckchen auf ein Blatt Backpapier legen und die Hälfte des marinierten Gemüses daraufschichten. Das Backpapier über Fisch und Gemüse zusammenfalten und an den Enden mit Küchengarn »bonbonartig« verschließen.

3 Die Päckchen im Ofen (Mitte) ca. 15 Min. garen. Zum Servieren aus dem Ofen nehmen, auf Teller setzen und öffnen (Achtung, Dampf entweicht!).

+ *Statt Pak Choi lässt sich der Lachs auch mit zerkleinertem Mangold oder Fenchel belegen. Pak Choi enthält Vitamin A, C und Folsäure und liefert zudem reichlich sekundäre Pflanzenstoffe. Der Asia-Kohl reduziert damit die erhöhte Entzündungslage im Körper, die bei übermäßigem Anteil von Bauchfett immer vorliegt.*

ZANDERFILET AUF CAPONATA

FÜR 2 PERSONEN | 30 MIN. ZUBEREITUNG
PRO PORTION: CA. 770 KCAL | 35 G EW | 55 G F | 34 G KH

1 Zwiebel, 1 Knoblauchzehe
250 g Aubergine
200 g Zucchini
80 g Staudensellerie
2 Frühlingszwiebeln
150 g rote Spitzpaprika
150 g Tomaten
20 g schwarze Oliven (entsteint)
15 g Kapern, 3 EL Olivenöl
200 g passierte Tomaten (aus der Dose)
2 EL Zitronensaft, 1 TL Honig
Salz, Pfeffer, 1 TL Butter
250 g Zanderfilet
2 EL geröstete Pinienkerne
2 EL gehacktes Basilikum

1 Zwiebel und Knoblauch schälen und fein würfeln. Aubergine und Zucchini putzen, waschen und würfeln. Sellerie und Frühlingszwiebeln putzen, waschen und in Ringe schneiden. Paprika waschen, halbieren, weiße Trennwände und Kerne entfernen, die Hälften würfeln. Tomaten waschen und vierteln, Stielansätze entfernen. Oliven in Ringe schneiden. Kapern grob hacken. Zwiebel und Knoblauch in einem Topf in 1 TL Öl in ca. 3 Min. andünsten, herausnehmen. Aubergine, Zucchini, Sellerie, Frühlingszwiebeln und Paprika ca. 5 Min. in 2 EL Öl andünsten. Tomaten, Oliven und Kapern ca. 5 Min. mitdünsten. Tomatenpüree, Zitronensaft und Honig hinzufügen, alles ca. 5 Min. einköcheln lassen.

2 Fisch waschen, trocken tupfen und in der Pfanne in dem übrigen Öl und der Butter bei mittlerer Hitze auf der Hautseite ca. 5 Min. anbraten, wenden und noch ca. 2 Min. braten. Zum Servieren Caponata und Fisch auf Tellern anrichten, mit Pinienkernen und Basilikum garnieren.

+ ***Kapern punkten mit den Aromastoffen Rutin und Quercetin sowie Senfölen, die sehr potente Entzündungshemmer sind. Nach Belieben können Sie noch mehr davon über das Gemüse streuen.***

LOW-CARB-PIZZA MIT THUNFISCH

FÜR 2 PERSONEN | 5 MIN. ZUBEREITUNG | 24 MIN. BACKEN
PRO PORTION: CA. 490 KCAL | 47 G EW | 31 G F | 2 G KH

1 Dose Thunfisch (ca. 180 g; im eigenen Saft; auf nachhaltigen Fischfang achten)
2 Bio-Eier (M)
20 g geriebener Parmesan
2 TL getr. Oregano
Salz, Pfeffer
6 EL passierte Tomaten (aus der Dose)
1 EL Olivenöl
1 TL getr. Basilikum
1 Mozzarellakugel (125 g)

1 Den Backofen auf 180° (Umluft) vorheizen. Ein gelochtes Pizzabackblech bereitstellen, alternativ ein normales Backblech mit Backpapier auslegen.

2 Den Thunfisch abtropfen lassen und in einer Schüssel zerpflücken. Die Eier und den Parmesan dazugeben, alles mit 1 TL Oregano sowie etwas Salz und Pfeffer würzen und homogen vermischen. Die Masse gleichmäßig dünn auf dem Pizzablech verteilen oder auf dem Blech zu einem Kreis ausstreichen. Den Boden im Ofen (Mitte) 10–12 Min. backen.

3 Inzwischen die passierten Tomaten in eine kleine Schüssel geben und mit Öl, Basilikum, übrigem Oregano und etwas Pfeffer mischen. Den Mozzarella abtropfen lassen und in dünne Scheiben schneiden. Den Pizzaboden aus dem Ofen nehmen, gleichmäßig mit der Tomatensauce bestreichen und mit Mozzarella belegen.

4 Anschließend die Pizza im Ofen nochmals 10–12 Min. backen, bis der Käse zerlaufen ist. Aus dem Ofen nehmen und sofort servieren, dabei nach Belieben nochmals mit Oregano bestreuen. Dazu passt Feldsalat.

+ ***Wer ständig und viele Kohlenhydrate zu sich nimmt, forciert immer wieder Blutzuckeranstiege und damit auch einen dauerhaft hohen Insulinspiegel. Die Folge: Die körpereigene Fettverbrennung wird blockiert. »Low Carb« reduziert dagegen die Kohlenhydrate und setzt auf Eiweiß und Gemüse mit langsam abbaubaren Kohlenhydraten. Der Pizzateig besteht daher nicht aus Mehl, sondern aus Eiern, Käse und Thunfisch. Der Effekt: Das Insulin steigt langsam und nicht so stark, der Fettstoffwechsel wird aktiviert und die Gewichtsabnahme angekurbelt. Zudem hält der höhere Eiweißanteil länger satt.***

KALBSGESCHNETZELTES MIT OFENKOHLGEMÜSE

FÜR 2 PERSONEN | 25 MIN. ZUBEREITUNG | 25 MIN. GAREN
PRO PORTION: CA. 695 KCAL | 41 G EW | 52 G F | 16 G KH

- 150 g Brokkoli
- 150 g Blumenkohl
- 150 g Romanesco
- 3 EL Rapsöl
- Salz, Pfeffer
- 250 g Kalbsgeschnetzeltes (ersatzweise Kalbsfilet)
- 1 EL Dinkelmehl (Type 630)
- 150 g braune Champignons
- 1 Handvoll Kerbelblätter (ersatzweise Petersilie)
- 1 TL Butter
- 200 ml Kalbsfond (aus dem Glas)
- 100 g Kochsahne (10 % Fett)
- 20 g Sonnenblumenkerne

1 Den Backofen auf 180° (Umluft) vorheizen. Ein Backblech mit Backpapier auslegen. Die 3 Kohlsorten putzen, waschen und in Röschen teilen. Mit 2 EL Öl, Salz und Pfeffer in einer Schüssel mischen und auf dem Blech gleichmäßig verteilen. Die Kohlsorten im Ofen (Mitte) ca. 25 Min. garen. Herausnehmen und warm halten.

2 Währenddessen das Kalbsfilet noch in mundgerechte Streifen schneiden, das Geschnetzelte mit Salz und Pfeffer würzen und mit etwas Mehl bestäuben. Pilze putzen, bei Bedarf mit einem Tuch abreiben und in Scheiben schneiden. Kerbel waschen, trocken tupfen und grob hacken.

3 Die Champignons in einer Pfanne ohne Fett bei mittlerer Hitze ca. 4 Min. anbraten, herausnehmen und beiseitestellen. Dann das Kalbfleisch in der Pfanne in dem übrigen Öl und der Butter bei mittlerer Hitze in 2–3 Min. rundum goldbraun anbraten. Dabei ab und zu wenden, danach ebenfalls herausnehmen und beiseitestellen.

4 Anschließend den Kalbsfond in die Pfanne gießen und alles ca. 2 Min. aufkochen. Die Sahne dazugeben und die Sauce bei mittlerer Hitze ca. 5 Min. etwas einkochen lassen. Pilze und Fleisch wieder zu der Sauce hinzufügen und alles kurz erwärmen. Zum Servieren das Geschnetzelte auf Teller verteilen und mit Kerbel garnieren. Das Kohlgemüse danebensetzen und mit Sonnenblumenkernen bestreuen.

+ ***Dreimal Kohl – was kann gesünder sein? Denn mit Brokkoli und Co. kommen wir an die wirksamen Glucosinolate (schwefelhaltigen sekundären Pflanzenstoffe wie Sulforafan) heran, die den Blutzucker senken und den Gewichtsverlust unterstützen. Studien konnten zeigen, dass das Hunger bremsende Hormon Leptin wieder besser im Körper wirkt, wenn man regelmäßig Kohl isst. Zudem kann Sulforafan vor der Entstehung von Krebs schützen und sogar gegen bestehende Tumoren wirken.***

GEFÜLLTE PAPRIKA MIT KRÄUTERQUARK

FÜR 2 PERSONEN | 40 MIN. ZUBEREITUNG | 40 MIN. GAREN
PRO PORTION: CA. 530 KCAL | 34 G EW | 27 G F | 37 G KH

Für die Paprika:
3 rote Paprika (ca. 600 g)
50 g Zartweizen, Salz
1 Zwiebel, 150 g Möhren
100 g Rinderhackfleisch
1 EL Rapsöl
je 1 TL edelsüßes und rosenscharfes Paprikapulver
1 TL getr. Thymian, Pfeffer
2 EL Frischkäse (16 % Fett)
1 Ei (M)

Für den Kräuterquark:
½ rote Zwiebel
150 g Magerquark
150 g saure Sahne
2 EL Mineralwasser (mit Kohlensäure)
je 1 EL Schnittlauchröllchen und gehackte Petersilie (frisch oder TK)
½ EL Zitronensaft
1 TL Honig, Salz, Pfeffer

1 Den Backofen auf 200° vorheizen. Ein Backblech mit Backpapier auslegen. Für die Paprika die Schoten waschen, längs halbieren, weiße Trennwände und Kerne entfernen, die Hälften jeweils mit der Innenseite nach oben nebeneinander auf das Blech legen.

2 Den Weizen in einem Topf in Salzwasser zugedeckt nach Packungsanweisung bei mittlerer Hitze ca. 10 Min. garen. Zwiebel schälen und fein würfeln. Möhren schälen und auf der Gemüsereibe grob raspeln.

3 Das Hackfleisch in einer Pfanne im Öl unter Rühren ca. 3 Min. krümelig anbraten. Zwiebel und Möhren dazugeben und alles bei mittlerer Hitze 4–5 Min. mitgaren. Dann vom Herd nehmen, mit beiden Paprikapulvern, Thymian, Salz und Pfeffer abschmecken und mit Weizen, Frischkäse und Ei gründlich mischen. Die Paprikahälften jeweils mit etwas Hack-Weizen-Mischung füllen und im Backofen (Mitte) 35–40 Min. garen.

4 Inzwischen für den Kräuterquark die Zwiebel schälen und in feine Würfel schneiden. Quark, saure Sahne und Mineralwasser in einer Schüssel glatt verrühren. Zwiebel, Schnittlauch, Petersilie, Zitronensaft und Honig unterrühren und alles mit Salz und Pfeffer würzen. Die Paprika aus dem Ofen nehmen, kurz abkühlen lassen und mit dem Kräuterquark servieren.

+ ***Ausreichend Eiweiß auf dem Teller fördert die Gewichtsabnahme und beugt wachsenden Fettdepots rund um die Körpermitte vor. Wenn es mal schnell gehen soll, können Sie auch fertigen Kräuterquark dazu servieren. Am besten 150 g pro Person, der Eiweißgehalt beträgt ca. 13 g pro 100 g. Egal ob gekauft oder selbst angerührt – beides ist eine gute Möglichkeit, um Mahlzeiten auf »High Protein« zu trimmen.***

BLUMENKOHL-PUTEN-CURRY

FÜR 2 PERSONEN | 20 MIN. ZUBEREITUNG
PRO PORTION: CA. 635 KCAL | 45 G EW | 41 G F | 20 G KH

- 1 Zwiebel
- 1 Knoblauch
- 1 Stück Ingwer (1 cm lang)
- 1 kleiner Blumenkohl
- 1 Zucchino
- 250 g Putengeschnetzeltes
- 2 EL Olivenöl
- 1½ EL Currypulver
- 1 EL glutenfreie Sojasauce
- Pfeffer
- 250 g Kokosmilch
- 20 g Cashewkerne
- 1 TL Zitronensaft
- Salz

1. Zwiebel, Knoblauch und Ingwer schälen und fein würfeln. Den Blumenkohl putzen, waschen und in Röschen teilen. Den Zucchino putzen, waschen, halbieren und in Streifen schneiden.

2. Das Putengeschnetzelte in einem Topf im Öl anbraten. Zwiebel, Knoblauch und Ingwer hinzufügen und unter Wenden ca. 2 Min. braten. Blumenkohl dazugeben und weitere 2 Min. braten. Zucchino, Curry und Sojasauce hinzufügen, alles mit Pfeffer würzen und die Kokosmilch dazugießen. Zugedeckt bei niedriger Hitze ca. 10 Min. köcheln lassen.

3. Zum Servieren das Curry mit Zitronensaft und Salz abschmecken, auf tiefe Teller verteilen und mit Cashewkernen bestreuen.

+ *Echtes Healthfood: Die sekundären Pflanzenstoffe aus Ingwer, Zwiebel und Currypulver wirken antientzündlich. Das ist gut, denn entzündungshemmende Essen bremsen ungünstige Botenstoffe aus Bauchfett.*

MEDITERRANE HÄHNCHENPFANNE

FÜR 2 PERSONEN | 20 MIN. ZUBEREITUNG
PRO PORTION: CA. 304 KCAL | 37 G EW | 15 G F | 7 G KH

1 Knoblauchzehe
250 g Kirschtomaten
½ Bund Basilikum
1 EL Olivenöl
2 Hähnchenbrustfilets (à ca. 150 g)
1 EL Kapern
40 g Kalamata-Oliven (entsteint)
Salz, Pfeffer

1 Den Knoblauch schälen und in feine Würfel schneiden. Die Tomaten waschen und am Stielansatz einritzen. Das Basilikum waschen, trocken tupfen und die Blätter abzupfen.

2 Das Öl in einer beschichteten Pfanne erhitzen und den Knoblauch darin bei mittlerer Hitze andünsten. Das Fleisch in die Pfanne geben und auf jeder Seite ca. 3 Min. scharf anbraten. Zuletzt die Tomaten hinzufügen und ca. 5 Min. mitgaren.

3 Währenddessen die Kapern abtropfen lassen, dann mit den Oliven und dem Basilikum zur Hähnchenpfanne geben. Zum Servieren mit Salz und Pfeffer würzen und auf Teller verteilen.

+ ***Mediterrane Küche ist empfehlenswert im Kampf gegen Bauchfett. Gute Vertreter: Oliven! Sie sind reich an einfach ungesättigten Fettsäuren wie der Ölsäure, die antientzündlich wirkt. Dazu liefern sie reichlich Polyphenole – beides kann den Cholesterinspiegel senken.***

ASIA-SPINATSALAT MIT RINDERFILET

FÜR 2 PERSONEN | 25 MIN. ZUBEREITUNG
PRO PORTION: CA. 435 KCAL | 24 G EW | 31 G F | 12 G KH

100 g Baby-Blattspinat
40 g Sprossen (z. B. Brokkoli- oder Rettichsprossen)
1 Bund Radieschen
30 g Erdnusskerne (ungesalzen)
80 g Mangofruchtfleisch
1 Stück Ingwer (1 cm lang)
2 EL geröstetes Sesamöl
½ EL glutenfreie Sojasauce
Saft von ½ Limette
1 Msp. Chilipulver
Pfeffer
150 g Rinderfilet

1 Den Spinat verlesen, waschen und trocken tupfen, dabei grobe Stiele entfernen. Die Sprossen in einem Sieb gründlich abbrausen und abtropfen lassen. Die Radieschen putzen, waschen und in dünne Scheiben schneiden. Alles in eine Salatschüssel geben.

2 Die Erdnüsse grob hacken und in einer kleinen beschichteten Pfanne ohne Fett hell rösten. Herausnehmen und abkühlen lassen.

3 Für das Dressing die Mango grob schneiden und in einen hohen Rührbecher geben. Den Ingwer schälen, fein reiben und mit 1 EL Sesamöl, Sojasauce und Limettensaft zur Mango geben. Alles mit dem Pürierstab fein pürieren und das Dressing mit Chili und Pfeffer würzen.

4 Das Rinderfilet in der Pfanne im übrigen Sesamöl bei mittlerer Hitze auf jeder Seite 3–4 Min. anbraten. Anschließend herausnehmen und in etwa fingerdicke Scheiben schneiden.

5 Zum Servieren das Dressing über die Salatzutaten geben und alles mischen. Den Salat auf Teller verteilen, mit Rinderfiletscheiben belegen und mit Erdnüssen bestreuen.

+ *Rohkost ist Trumpf im Kampf gegen Bauchfett: Sie sättigt schon allein durch das schiere Volumen. Die feinwürzigen Sprossen ergeben dazu ein ideales Topping für fast alle Gerichte, weil sie eine extrem hohe Nährstoffdichte aufweisen und antientzündliche Inhaltsstoffe liefern. Am besten jeden Tag ein wenig auf Brote, Salate und mehr streuen! Um das Risiko einer Keimbelastung zu reduzieren, die kleinen Pflanzen vor dem Verzehr in einem Sieb gründlich abbrausen.*

Desserts UND SNACKS

VEGANES BEERENEIS

FÜR 2 PERSONEN | 5 MIN. ZUBEREITUNG
PRO PORTION: CA. 85 KCAL | 2 G EW | 6 G F | 9 G KH

200 g TK-Himbeeren
50 g Kokosmilch (gut gekühlt)
1 TL Ahornsirup
einige Himbeeren zum Garnieren (nach Belieben)

1 Die tiefgekühlten Himbeeren mit der Kokosmilch und dem Ahornsirup in den Standmixer geben und sehr fein pürieren. (Alternativ in einem hohen Rührbecher mit dem Pürierstab arbeiten.)

2 Das Sorbet auf Schalen oder Gläser verteilen und sofort verzehren. Nach Belieben mit frischen Himbeeren garnieren, dazu diese vorher verlesen, waschen und trocken tupfen. Wer will, kann das Sorbet auch in kleinen Eis-am-Stiel-Förmchen aus Plastik einfrieren.

+ *Fruchtzuckerarme Früchte fördern eher die Entfettung der inneren Organe als zuckerreiches Obst wie Mango, Trauben oder Bananen. Beeren sind ideal als Bauchfettabwehr: Sie enthalten wenig Fruktose und sind als TK-Ware das ganze Jahr erhältlich (Achtung, dabei immer die Zutatenliste auf zusätzlichen Zucker checken!). Die kleinen Farbkugeln liefern reichlich Vitamin C und versorgen uns mit Ballaststoffen. Ihre sekundären Pflanzenstoffe schützen vor stillen Entzündungen und verschiedenen Krebsarten.*

ERDBEERCREME MIT MINZE

FÜR 2 PERSONEN | 15 MIN. ZUBEREITUNG
PRO PORTION: CA. 95 KCAL | 6 G EW | 4 G F | 8 G KH

150 g Erdbeeren
6 Minzblätter
200 g stichfester Naturjoghurt (3,5 % Fett)
1 sehr (!) frisches Eiweiß

1 Die Erdbeeren putzen, waschen und entstielen. Ein Viertel der Beeren je nach Größe halbieren oder vierteln und beiseitestellen, den Rest ganz lassen. Die Minzblätter waschen und trocken tupfen.

2 Den Joghurt mit den ganzen Erdbeeren und 4 Minzblättern in einen hohen Rührbecher geben und mit dem Pürierstab fein pürieren. Das Eiweiß mit den Schneebesen des Handrührgeräts steif schlagen und vorsichtig mit einem Teigschaber unter die Joghurtcreme heben. Die Joghurtcreme auf Schalen verteilen und mit je 1 Minzblatt und den beiseitegestellten Erdbeerstücken garnieren.

+ ***Ein gesundes Dessert: Kein Zucker, nur wenig Fruchtzucker aus den Beeren, reichlich Milchsäurebakterien aus dem Joghurt. So rücken Sie dem Bauchfett zu Leibe! Anstelle der Erdbeeren lassen sich auch Him- oder Johannisbeeren verwenden.***

PAPRIKA-CHILI-CASHEWKERNE

FÜR 8 PERSONEN | 30 MIN. ZUBEREITUNG
PRO PORTION: CA. 145 KCAL | 4 G EW | 11 G F | 8 G KH

1 In einer beschichteten Pfanne ca. 100 ml Wasser erhitzen und das Salz darin unter Rühren auflösen. Sobald das Salzwasser kocht und nur noch knapp den Boden der Pfanne bedeckt, die Cashewkerne dazugeben und gut umrühren.

2 Die Gewürze hinzufügen, alles nochmals umrühren und die Kerne offen bei kleiner Hitze ca. 20 Min. rösten, dabei immer wieder umrühren. Die Cashewkerne aus der Pfanne nehmen und abkühlen lassen. In einer gut schließenden Dose halten sich die Nüsse mehrere Wochen.

½ TL Salz
200 g Cashewkerne (ersatzweise blanchierte Mandeln)
1 TL edelsüßes Paprikapulver
½ TL Chilipulver

+ *Der Snack ist ein echtes Bauchfett-»Medikament«. Denn Nüsse in Reinkultur wirken laut jüngster Studien direkt gegen Fettdepots rund um die Körpermitte und verdrängen süße Snacks vom Speiseplan, die Bauchfett fördern. Cashewkerne sind zudem reich an wertvollen ungesättigten Fettsäuren und liefern hochwertiges Pflanzeneiweiß sowie viele B-Vitamine, Kalzium, Magnesium und Eisen.*

GEBACKENE LUPINEN

FÜR 4 PERSONEN | 5 MIN. ZUBEREITUNG | 20 MIN. BACKEN
PRO PORTION: CA. 110 KCAL | 9 G EW | 5 G F | 6 G KH

1 Den Backofen auf 180° vorheizen. Ein Backblech mit Backpapier auslegen. Die Lupinen in einem Sieb abbrausen und gut abtropfen lassen. Nach Belieben die festen Hülsen entfernen, sie lassen sich aber auch mitessen. Die Lupinen in eine kleine Schüssel geben und mit Öl, Gewürzen und Salz gründlich mischen.

2 Die Lupinen auf dem Blech gleichmäßig verteilen und im Ofen (Mitte) ca. 20 Min. backen. Herausnehmen und abkühlen lassen. Sofort essen, dabei nach Belieben nun die festen Hülsen entfernen. Oder in einer Dose aufbewahren – so halten sie sich ca. 3 Tage.

240 g Lupinen (aus dem Glas; ersatzweise Saubohnen)
1 EL Erdnussöl
1 TL edelsüßes Paprikapulver
1 TL Knoblauchpulver
½ TL Meersalz

+ *Hülsenfrüchte liefern reichlich komplexe Kohlenhydrate und Pflanzenprotein im Kampf gegen Bauchfett. Statt mit Lupinen können Sie das Rezept genauso mit Kichererbsen (aus Glas oder Dose) zubereiten. Die gebackenen Hülsenfrüchte eignen sich als Topping für Salate, Gemüsepfannen und Aufläufe. Lupinen aus dem Glas finden Sie unter dem Namen »Tremoços« im Handel.*

KOKOS-NUSS-SNACKMISCHUNG

FÜR 2 PERSONEN | 5 MIN. ZUBEREITUNG | 15 MIN. BACKEN
PRO PORTION: CA. 610 KCAL | 15 G EW | 57 G F | 10 G KH

50 g Haselnusskerne
100 g Mandelblättchen
35 g Kokoschips
1 EL Agavendicksaft
1 TL gemahlene Vanille

1 Den Ofen auf 160° (Umluft) vorheizen. Ein Backblech mit Backpapier auslegen. Die Haselnüsse grob hacken, dann mit den Mandelblättchen in einer kleinen beschichteten Pfanne ohne Fett hell rösten, herausnehmen und abkühlen lassen.

2 Haselnüsse und Mandelblättchen mit Kokoschips, Agavendicksaft und Vanille mischen und gleichmäßig auf dem Blech verteilen. Den Nuss-Mix im Ofen (Mitte) in ca. 15 Min. goldbraun rösten, dabei ein- bis zweimal wenden. Aus dem Ofen nehmen und abkühlen lassen.

+ *In einem Glas luftdicht verschlossen hält sich der nussige Snack ca. 5 Tage. Die Mischung eignet sich als Nachtisch (z. B. mit Joghurt) oder als Müsli-Topping. Nüsse versorgen uns mit dem idealen Mix aus Ballaststoffen, Eiweiß und ungesättigten Fettsäuren. 1 Handvoll (ca. 30 g) pro Tag bremst den Heißhunger, senkt das Cholesterin und verbrennt das Bauchfett.*

PISTAZIEN-ENERGY-BALLS

FÜR CA. 10 STÜCK | 12 MIN. ZUBEREITUNG
PRO STÜCK: CA. 130 KCAL | 4 G EW | 10 G F | 8 G KH

90 g Datteln (entsteint)
80 g Pistazienkerne
½ Bio-Zitrone
60 g gemahlene Mandeln
2 EL natives Kokosöl
1 EL geschrotete Leinsamen

1 Die Datteln grob hacken. 40 g Pistazien ebenfalls grob hacken, den Rest im Mörser fein zermahlen. Die Zitrone heiß waschen, abtrocknen und 1 EL Schale fein abreiben. Dann 1 EL Zitronensaft auspressen.

2 Die Datteln mit Mandeln, gehackten Pistazienkernen, Öl und Zitronensaft portionsweise in einem hohen Rührbecher mit dem Pürierstab fein pürieren. Dann mit Leinsamen und Zitronenschale in einer Schüssel mischen und alles gut verkneten. Aus der Masse mit angefeuchteten Händen zehn Kugeln formen und rundum in den gemahlenen Pistazien wälzen. Sofort servieren oder kühl und luftdicht verschlossen lagern – so halten die Energy Balls ca. 1 Woche.

+ *Gesund snacken? In den Energiekugeln stecken Nüsse und unraffinierte Süße, dazu jede Menge Ballaststoffe. Trotzdem gilt auch hier: Menge beachten! Um Bauchfett zu reduzieren, sind Esspausen von 3–4 Stunden zu empfehlen, daher das Hungergefühl zwischendurch hinterfragen und auch zu solch gesunden Snacks besser nur in Maßen greifen.*

AUTOREN UND FOTOGRAFEN

Dr. Matthias Riedl ist Ernährungsmediziner, Diabetologe, Bestsellerautor sowie ärztlicher Direktor und Gründer des medicum Hamburg. Das medicum Hamburg betreut mit Ernährungsberatern, Psychotherapeuten, Diabetologen, Ernährungsmedizinern, Internisten und Kardiologen alle Krankheitsbilder, die durch falsche Ernährung entstanden sind oder sich durch spezielle Kostformen therapieren lassen.
Das interdisziplinäre Konzept des medicum Hamburg ist in Europa einmalig. Das Hauptarbeitsgebiet von Dr. Matthias Riedl ist die Diabetologie sowie die Ernährungsmedizin, er gilt in Deutschland als einer der Vorreiter in der Behandlung von Diabetes. Bekannt wurde er durch Fernsehauftritte, insbesondere als Ernährungs-Doc beim NDR, und durch diverse Publikationen. Er ist im Vorstand des Bundes Deutscher Ernährungsmediziner, 2019 erhielt er von diesem den Therapiepreis wegen seiner Verdienste um die Förderung der Ernährungsmedizin. Außerdem engagiert sich Dr. Riedl in der Weiterbildung von Ärzten und ist Hochschuldozent. 2013 wurde er vom Focus in die Empfehlungsliste der Top-Mediziner aufgenommen.

Im GRÄFE UND UNZER VERLAG hat Dr. Riedl zahlreiche Ratgeber veröffentlicht, wie zum Beispiel »Abnehmen nach dem 20:80-Prinzip«, »Artgerechte Ernährung. Heilung von Beschwerden, die Ärzte ratlos machen« oder »Unser Essen – Killer und Heiler. Warum wir etwas gegen die Katastrophe auf unseren Tellern tun müssen«.

Folgen Sie Dr. Riedl auf Facebook und Instagram:
www.facebook.com/edocriedl/
www.instagram.com/drmatthiasriedl/
Unter www.myfooddoctor.de ist seit 2021 eine ernährungsmedizinische App von Dr. Matthias Riedl erhältlich.

Viola Lex ist freiberufliche Journalistin, Autorin von mehreren Kochbüchern und zusätzlich ausgebildete Fitnesstrainerin. Sie schreibt unter anderem als Medizinredakteurin für bekannte Verlage wie die Funke Mediengruppe und arbeitete mit Dr. Riedl bereits für mehrere Bücher zusammen – unter anderem für »Abnehmen nach dem 20:80-Prinzip – Das Arbeitsbuch«.

Die im Buch enthaltenen Rezepte wurden von **Josephine Danneberg, Deniz Genca und Lena Vogt** entwickelt. Sie alle arbeiten im medicum Hamburg unter der Leitung von Dr. Matthias Riedl und führen Ernährungstherapien durch.

Jan Wischnewski ist als Koch, Food-Stylist und Fotograf ein wahrer Alleskönner für Auftragsproduktionen. Früher noch als Koch in der Sternegastronomie tätig, schafft er es heute, seine beiden Passionen zu vereinen. Seit 2010 widmet sich ihnen voll und ganz.

Maria Grossmann und Monika Schuerle arbeiten seit Jahren erfolgreich zusammen in den Bereichen Food, Still Life und Interieur in Hamburg und Berlin. Zu ihren Auftraggebern gehören namhafte Verlage, Agenturen und Redaktionen im In- und Ausland. Für dieses Buch mit im Team: Lukas Grossmann (Food-Styling) und Florian Schober (Assistenz).

Andrea Kramp und Bernd Gölling lernten sich während des Fotodesign-Studiums in Hamburg kennen: Seit 1983 sind sie freiberuflich tätig und arbeiten gemeinsam in ihrem Studio in Reeßum im Bereich Food und Still Life. Zu ihren Kunden zählen zahlreiche Redaktionen, Verlage und Agenturen.

REZEPTREGISTER

M/N

O/P

Q/R

APPETIT AUF MEHR?

LIEBE LESERINNEN UND LESER,

wir wollen Ihnen mit diesem Buch Informationen und Anregungen geben, um Ihnen das Leben zu erleichtern oder Sie zu inspirieren, Neues auszuprobieren. Wir achten bei der Erstellung unserer Bücher auf Aktualität und stellen höchste Ansprüche an Inhalt und Gestaltung. Alle Anleitungen und Rezepte werden von unseren Autoren, jeweils Experten auf ihren Gebieten, gewissenhaft erstellt und von unseren Redakteur*innen mit größter Sorgfalt ausgewählt und geprüft.

Haben wir Ihre Erwartungen erfüllt? Sind Sie mit diesem Buch und seinen Inhalten zufrieden? Wir freuen uns auf Ihre Rückmeldung. Und wir freuen uns, wenn Sie diesen Titel weiterempfehlen, in Ihrem Freundeskreis oder bei Ihrem Online-Kauf.

Sollten wir Ihre Erwartungen so gar nicht erfüllt haben, tauschen wir Ihnen Ihr Buch jederzeit gegen ein gleichwertiges zum gleichen oder ähnlichen Thema um.

KONTAKT ZUM LESERSERVICE

GRÄFE UND UNZER VERLAG
Grillparzerstraße 12
81675 München
www.gu.de

Ein Unternehmen der
GANSKE VERLAGSGRUPPE

IMPRESSUM

ISBN 978-3-8338-9218-9
9. Auflage 2024

Projektleitung: Elke Sieferer
Lektorat: Kathrin Gritschneder
Korrektorat: Jutta Weikmann
Umschlaggestaltung und Layout: ki 36 Editorial Design, Sabine Krohberger, München
Herstellung: Petra Roth
Satz: Christopher Hammond
Reproduktion: Longo AG, Bozen
Druck und Bindung: Firmengruppe APPL, aprinta druck, Wemding

Umwelthinweis:
Nachhaltigkeit ist uns sehr wichtig. Der Rohstoff Papier ist in der Buchproduktion hierfür von entscheidender Bedeutung. Daher ist dieses Buch auf PEFC-zertifiziertem Papier gedruckt. PEFC garantiert, dass ökologische, soziale und ökonomische Aspekte in der Verarbeitungskette unabhängig überwacht werden und lückenlos nachvollziehbar sind.

Die GU-Homepage finden Sie unter www.gu.de

Bildnachweis:
Jan C. Brettschneider: Autorenfoto auf dem Cover; Grossmann/Schuerle: 22, 24, 27, 28, 32, 33, 35, 40, 41, 43, 62, 65, 70, 71, 73, 78, 85, 86, 90, 100, 101, 107, 112, 113, 115, 121, 127, 132, 133, 141, 142, 144, 149, 150, 151, 156, 158, 159, 160 und 161; Kramp/Gölling: S. 155 und 157; Andreas Sibler: Autorenfotos S. 2 und 6; Shutterstock: S. 8, 10 und 15; StockFood: Gericht auf dem Cover; StockFood Studios/Jan Wischnewski: 4, 5, 16, 19, 55, 21, 25, 31, 36, 39, 44, 47, 48, 51, 52, 57, 58, 61, 66, 69, 74, 77, 81, 82, 89, 93, 94, 97, 99, 103, 104, 109, 111, 117, 118, 123, 124, 129, 130, 135, 136, 139, 143, 147, 153 und U4.

Rezept zum Gericht auf dem Cover: S. 138

Syndication: Bildagentur Image Professionals GmbH, Tumblingerstr. 32, 80337 München
www.imageprofessionals.com

Wichtiger Hinweis:
Die Gedanken, Methoden und Anregungen in diesem Buch stellen die Meinung bzw. Erfahrung des Verfassers dar. Sie wurden vom Autor nach bestem Wissen erstellt und mit größtmöglicher Sorgfalt geprüft. Sie bieten jedoch keinen Ersatz für persönlichen kompetenten medizinischen Rat. Jeder Leserin, jeder Leser ist für das eigene Tun und Lassen auch weiterhin selbst verantwortlich. Weder Autor noch Verlag können für eventuelle Nachteile oder Schäden, die aus den im Buch gegebenen praktischen Hinweisen resultieren, eine Haftung übernehmen.

Biosphäre

Abitur

Abiturtraining Biologie
Optimale Prüfungsvorbereitung

Biosphäre

Abiturtraining Biologie

Autorinnen: Monika Scherer, Angelbachtal; Tina Degering, Minden; Franziska Lehmann-Eser, Karlsruhe

Teile dieses Buches sind anderen Ausgaben der Lehrwerksreihe Biosphäre entnommen.

Autorinnen und Autoren dieser Ausgaben sind: Ulrike Austenfeld, Joachim Becker, Anke Brennecke, Robert Felch, Christian Gröne, Prof. Dr. Jorge Groß, Birgit Krämer, Prof. Dr. Hansjörg Küster, Dr. Karl-Wilhelm Leienbach, Michael Linkwitz, André Linnert, Prof. Dr. Anke Meisert, Bärbel Delia Nixdorf, Martin Post

Redaktion: Franziska Trnka
Redaktionelle Mitarbeit: Dr. Manuel Becker
Umschlaggestaltung: klein & halm Grafikdesign Studio, Berlin, SOFAROBOTNIK GbR, Augsburg & München (Logo)
Umschlagfoto: Nerve synapse, artwork: science-photo.de; Grafik Neuron: Hannes von Goessel
Layoutkonzept: klein & halm Grafikdesign Studio, Berlin
Technische Umsetzung: L42 AG, Berlin
Grafik: Matthias Emde; Rainer Götze; Oliver Hauptstock; Claudia Hild; Angelika Kramer; Jörg Mair; Karin Mall; Tom Menzel; Bernhard A. Peter, newVision! GmbH; Markus Ruchter; Andrea Thiele; Hannes von Goessel; ww-visuell Werner Wildermuth

Weitere Abiturtrainings

Abiturtraining Fokus Chemie	978-3-06-015184-4
Abiturtraining Universum	978-3-06-011823-6

www.cornelsen.de

1. Auflage, 1. Druck 2024

Alle Drucke dieser Auflage sind inhaltlich unverändert und können nebeneinander verwendet werden.

Druck: H. Heenemann, Berlin

ISBN 978-3-06-015789-1

PEFC
PEFC/04-31-1156

PEFC zertifiziert
Dieses Produkt stammt aus nachhaltig bewirtschafteten Wäldern und kontrollierten Quellen.

www.pefc.de